풀수록 똑똑해지는
과학 퀴즈 백과 100

장희서 지음 | 은옥 그림

바이킹

머리말

안녕, 친구들~!

 세상은 온통 신기한 과학으로 둘러싸여 있어요! 헬륨을 마시면 왜 목소리가 변할까요? 불꽃놀이는 어떻게 알록달록 색깔을 낼까요? 딸꾹질은 왜 하는 것일까요? 재미난 퀴즈를 풀어 보세요! 평소에 궁금했던 이야기에 답을 해 줄게요. 신기하고 놀라운 과학 원리도 이해할 수 있을 거예요. 책을 보고 나면 더 궁금해져서 과학 책에 푹 빠져 있을지도 몰라요!

 퀴즈 주제로 신기한 물질, 놀라운 현상, 동물의 생태, 식물의 발견, 우리 몸, 지구와 우주, 위대한 과학자까지 과학 분야를 골고루 다루었어요. 특별히 재미난 문제가 있다면 해당 주제와 관련된 직업은 어떤 것이 있는지 미리 찾아봐도 좋겠어요! 꿈은 조금씩 가까이 다가가는 것이니까요!

 자, 과학 박사가 될 준비가 되었나요? 흥미진진한 과학 퀴즈에 도전해 보세요!

문제를 차근차근 읽고 정답을 맞혀 보세요. 문제 페이지를 넘기면 정답이 있습니다. 헷갈리는 문제가 나오면 다른 문제를 먼저 풀어도 좋아요. 행운을 빌어요!

바다에는 이 물질이 들어 있어 물이 아주 짭니다. 몸이 수영장보다 바다에서 더 잘 뜨는 이유이기도 하지요. 음식에도 넣어 먹는 이 물질은 무엇일까요?

 소금　 설탕　 후추

놀라운 현상

우주 정거장에서는 사람들이 공중에 둥둥 떠다녀요. 달을 걷는 우주 비행사도 몸이 둥실둥실 뜨지요. 몸이 붕 뜨는 이유는 지구보다 작은 □□을 가지고 있기 때문이에요. 무엇 때문일까요?

 중력   인력   부력

  **소금**

바닷물에는 소금이 녹아 있어 염분이 높아요. 일반 물보다 밀도도 높아서 부력(물 위로 뜨는 힘)이 더 크게 작용합니다. 이스라엘 근처에 있는 **사해**(dead sea)라는 호수는 물속에 염분이 아주 높아서 생물이 살기 어렵습니다. 염분이 높은 덕에 사람 몸은 튜브가 없어도 둥둥 잘 떠 있답니다.

 중력

중력은 지구가 중심을 향해 물체를 당기는 힘이에요. 중력 덕분에 우리 몸은 우주로 날아가지 않고 지구에 잘 붙어 있어요. 반면 우주 정거장이나 달에서는 무게가 느껴지지 않는 무중력 상태가 되어서 몸이 둥둥 떠다니는 거예요. 중력은 끌어당기는 물체의 질량(물체가 가지는 고유한 양)이 클수록 커집니다. 달은 지구보다 질량이 작고 중력이 약해서, 달에 가면 우리 몸무게도 줄어듭니다.

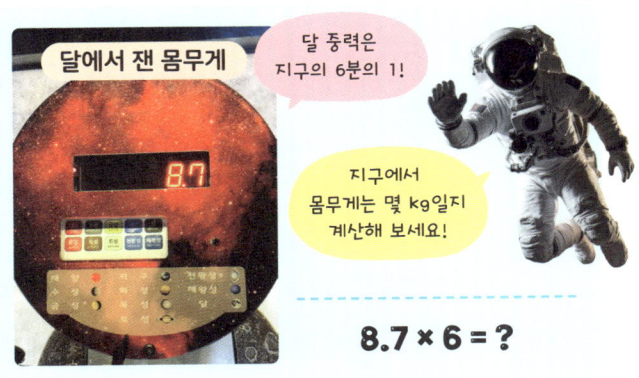

달에서 잰 몸무게: 8.7

달 중력은 지구의 6분의 1!

지구에서 몸무게는 몇 kg일지 계산해 보세요!

$8.7 \times 6 = ?$

동물의 생태

사막여우와 북극여우는 같은 여우이지만 매우 다르게 생겼어요. 특히 사막여우의 귀는 북극여우의 귀보다 훨씬 큽니다. 왜 사막여우는 귀가 클까요?

1. **귀가 클수록 인기가 많아서**
2. **햇볕을 피하기 위해서**
3. **몸속 열을 밖으로 내보내기 위해서**

나는 사막여우!

내가 북극여우!

우리 몸

할아버지와 할머니 머리카락을 보면 흰머리가 많아요. 검은 머리카락이 하얗게 변하는 이유는 이 색소가 줄어들기 때문이에요. 이 색소의 이름은 무엇일까요?

① **멜라닌**
② **단백질**
③ **미네랄**

> 흰머리도 잘 어울리는구려.

③ 몸속 열을 밖으로 내보내기 위해서

북아프리카 사막에 사는 사막여우는 매우 더운 환경에서 살아요. 일년 내내 높은 기온에서 햇볕을 받다 보면 몸의 열이 쉽게 오릅니다. 적정한 체온을 유지하려면 열을 몸 밖으로 내보내야 하지요. 따라서 사막여우는 큰 귀를 가지고 있습니다.

반대로 북극여우는 추운 지방에 살기 때문에 몸속 열을 내보내지 않고 잘 유지해야 합니다. 따라서 작은 귀를 가지고 있습니다.

사막여우

북극여우

  **멜라닌**

멜라닌 색소는 몸의 털이나 눈의 홍채에 갈색 또는 검은색을 띠게 합니다. 사람마다 만드는 멜라닌의 양이 다르기 때문에 검은색, 갈색, 노란색 등 다양한 색의 털을 가지게 됩니다. 사람은 나이가 들수록 몸에서 만드는 멜라닌 색소의 양이 줄어듭니다. 그래서 몸에 난 털이 하얘지는 거예요.

멜라닌을 만들지 못하면?

한편 태어날 때부터 멜라닌을 스스로 만들어 내지 못하는 질병이 있어요. '백색증' 또는 '알비노'라고 합니다. 백색증을 앓고 있으면 태어날 때부터 머리카락은 흰색, 눈의 홍채도 혈관이 비쳐서 붉은색이에요. 사람뿐 아니라 동물에게도 백색증이 있다고 합니다.

알비노 악어

알비노 고슴도치

문제 5

식물의 발견

다음 중 콩으로 만들지 않은 음식은 무엇일까요?

이름에 답이 숨어 있어요!

① **치즈**

② **두유**

③ **두부**

빛은 여러 빛이 겹치면 색이 바뀝니다. 예를 들어 빨간색 빛과 파란색 빛이 만나면 자홍색이 되지요. 그렇다면 빨간색 빛, 파란색 빛, 초록색 빛이 겹치면 무슨 색이 될까요?

 검은색   **흰색**   **회색**

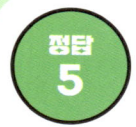

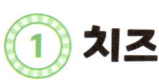

정답 5　① 치즈

두유와 두부는 콩으로, 치즈는 우유로 만들어집니다. 두유와 두부의 앞글자 '두'는 '콩 두(豆)'라는 한자를 사용합니다. 치즈는 동물 젖에 들어 있는 카세인이라는 단백질과 지방을 굳히고 발효시켜 만든 음식이에요. 치즈는 이렇게 만들어집니다.

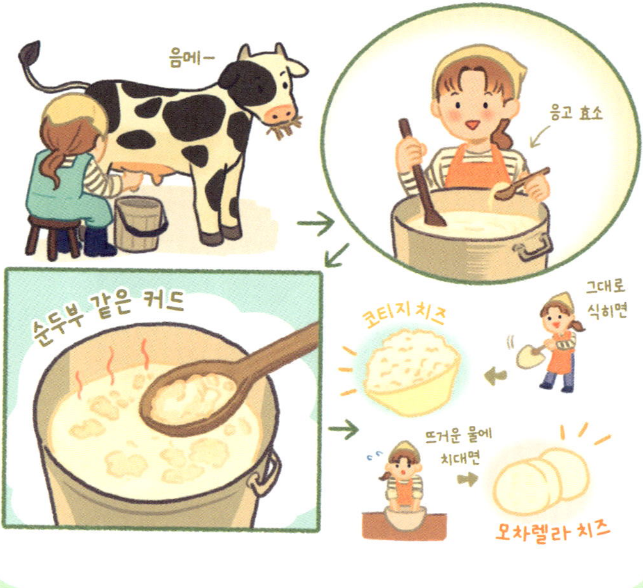

  흰색

빛의 색은 태양이나 전등에서 나오는 색을 말합니다. 빨간색(Red), 초록색(Green), 파란색(Blue)은 **빛의 3원색**이지요. 빛은 합성될수록 밝아지는 성질이 있기 때문에 세 가지 빛을 모두 섞으면 흰색이 나타납니다.

반면 색은 물감이나 물체가 반사한 색을 말합니다. **색의 3원색**은 자홍색(Magenta. 마젠타), 노란색(Yellow. 옐로), 청록색(Cyan. 시안)이 있습니다. 자홍색, 노란색, 청록색을 다 섞으면 검은색이 됩니다.

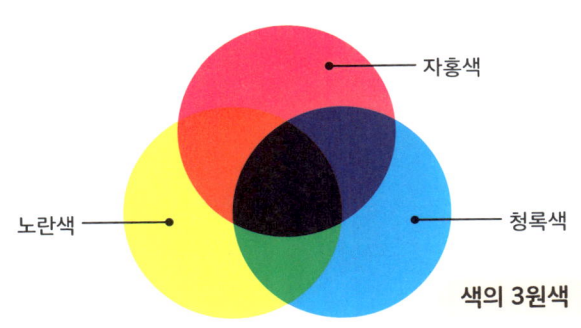

겨울철 손이 시릴 때 핫팩을 흔들면 따뜻해져요. 어떤 반응 때문일까요?

1. **용해 반응**
2. **중화 반응**
3. **산화 반응**

우리 몸

덥거나 운동을 하면 온몸에서 땀이 나요. 몸의 수분이 빠져나가는 거지요. 이때 다시 몸속에 수분을 빠르게 채우려면 어떤 것을 마셔야 할까요?

① **탄산음료**
② **오렌지 주스**
③ **이온 음료**

뭐 마실까?

 ## 산화 반응

핫팩에는 아주 작은 쇳가루들이 들어 있어요. 철은 산소와 만나면 **산화 반응**을 일으킵니다. 산화 반응이란 어떤 물질이 산소와 만나 결합하는 것입니다. 예를 들어 오래된 자전거에 녹이 생기거나 숯이 불에 타면서(산소와 반응하면서) 이산화 탄소를 만들 때입니다.

핫팩 속 쇳가루는 작기 때문에 산소와 더 자주 만나서 빨리 따뜻해집니다. 그래서 핫팩은 사용하기 전에 산소가 들어가지 않게 비닐로 밀봉되어 있지요.

녹슨 자전거

 ## 이온 음료

땀을 많이 흘리면 수분뿐만 아니라 전해질도 빠져나가요. **전해질**은 나트륨, 칼륨, 마그네슘 등 신체 조절 기능을 하는 물질이에요. 이온 음료는 물과 나트륨, 칼륨 등이 들어 있어서 수분과 전해질을 효과적으로 보충해 줍니다. 그래서 땀을 많이 흘렸다면 이온 음료를 마시는 것이 더 좋아요! 오렌지 주스나 콜라에는 당분이 많이 들어 있기 때문에 오히려 수분이 흡수되는 시간이 길거든요.

물고기는 잠잘 때 눈을 감아요.

놀라운 현상

더운 여름에는 어떤 색깔의 옷을 입어야 시원할까요?

① 흰색
② 검은색
③ 초록색

정답 9 X

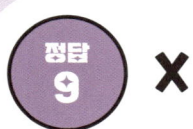

물고기는 잠을 잘 때도 눈을 뜨고 자요. 사람과 달리 눈꺼풀이 없기 때문에 잠을 자도 눈을 감을 수 없지요. 대신 물고기 눈에 모래가 들어오는 것을 막기 위해 얇은 막이 있답니다.

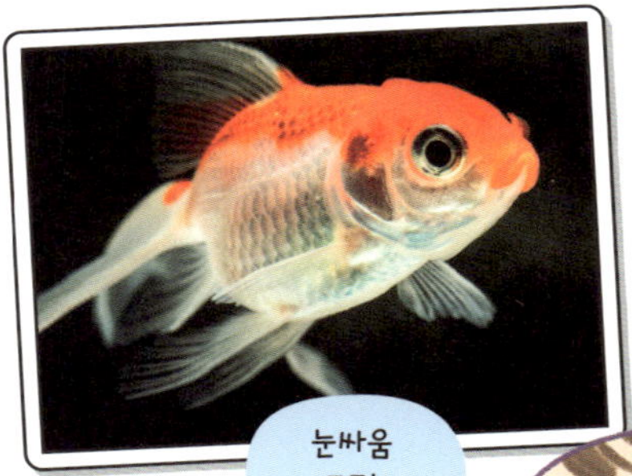

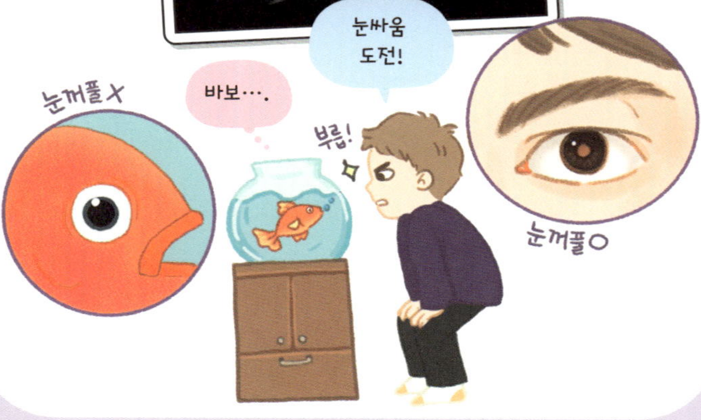

 **흰색**

우리가 색을 볼 수 있는 이유는 물건에 **반사**된 빛이 눈에 보이기 때문이에요. 흰색은 모든 빛을 반사해서 흰색으로 보이고, 검은색은 모든 빛을 흡수해서 반사되는 빛이 없기 때문에 검은색으로 보입니다. 그래서 모든 빛을 반사하는 흰색 옷이 가장 덜 덥고, 모든 빛을 흡수하는 검은색 옷이 가장 덥습니다. 초록색 옷은 초록색 빛만 반사하고 나머지 빛을 흡수하기 때문에 흰색 옷보다는 더 더울 거예요.

식물의 발견

식물은 뿌리에서 물을 빨아들여 가지와 잎으로 보냅니다. 이때 여러 현상과 작용이 일어나는데요. 물이 줄기 속에서 위로 올라가는 현상을 무엇이라고 할까요?

① **삼투압 현상**
② **모세관 현상**
③ **증산 작용**

지구와 우주

아주 오래전 사람들은 지구가 평평하다고 생각했대요. 16세기에 바다를 항해해서 지구가 둥글다는 것을 증명한 사람이 있습니다. 누구일까요?

① **마르코 폴로**
② **크리스토퍼 콜럼버스**
③ **페르디난드 마젤란**

정답 11

② 모세관 현상

모세관 현상이란 물의 **응집력**과 접착력 때문에 물이 중력을 이기고 위로 올라가는 현상이에요. 관이 가늘수록 더 높이 올라갈 수 있어요.

물이 뿌리에서 잎까지 움직이는 데에 뿌리로 물을 흡수하는 **삼투압** 현상, 잎에 난 구멍을 통해 물이 밖으로 빠져나가는 **증산** 작용도 힘을 보탭니다.

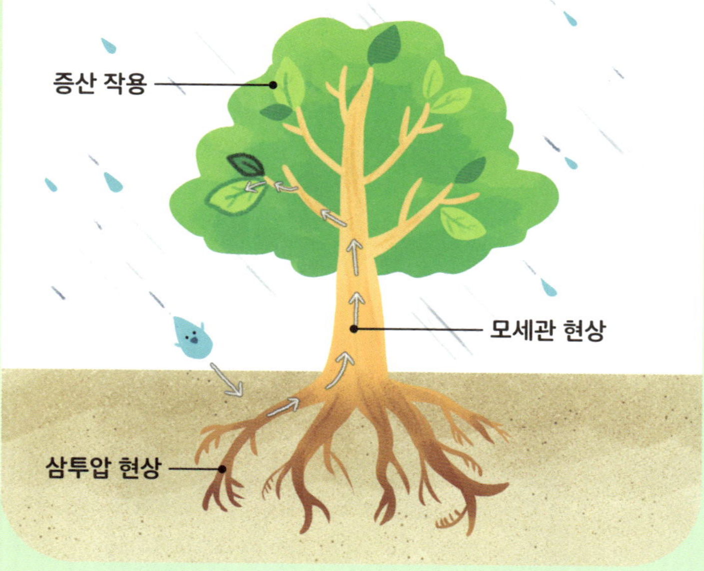

정답 12 ③ 페르디난드 마젤란

16세기는 대항해 시대였어요. 인도의 향신료를 얻기 위해 항해가들이 배를 타고 떠났지요. 인도로 가는 동쪽 항로는 포르투갈이 차지하고 있어서 마젤란은 서쪽으로 떠났어요. 이때 마젤란이 태평양을 발견했어요. 이후 마젤란은 사고로 돌아오지 못했지만 남은 선원들은 계속해서 서쪽으로 향했고, 3년 만에 다시 에스파냐로 돌아왔어요. 마젤란은 이전에 동쪽으로 떠났던 항해 기록까지 더해, 최초로 세계 일주를 한 사람이 되었답니다.

기름이 묻은 프라이팬을 깨끗하게 닦기 위해 세제를 사용해요. 세제 속 어떤 물질이 기름과 때를 없애는 것일까요?

ㄱㅁ ㅎㅅㅈ

놀라운 현상

피겨 스케이팅 선수들은 미끄러운 빙판 위에서 멋지게 점프해요. 점프할 때 어떤 힘을 이용할까요?

① **마찰력**
② **중력**
③ **자기력**

정답 13 계면 활성제

기름은 물에 녹는 **친수성** 성분이 아니에요. 뜨거운 물로 닦더라도 깨끗하게 닦이지 않습니다. 세제에는 **계면 활성제**가 들어 있어요. 계면 활성제는 물에 잘 녹는 친수성 분자와 기름에 잘 녹는 **소수성** 분자 둘 다 가지고 있어요. 세제가 기름이나 때에 닿으면 소수성 분자가 들러붙어 물에 잘 녹을 수 있게 도와줍니다. 계면 활성제는 비누나 세제에 많이 들어 있습니다.

계면 활성제의 원리

① 마찰력

우리가 일반적으로 타는 스케이트나 스피드 스케이팅용 스케이트는 빙판 위에서 잘 미끄러질 수 있도록 매끈해요. 하지만 피겨 스케이팅 선수들이 신는 스케이트 앞부분에는 '토'라고 하는 톱날처럼 생긴 부분이 있습니다. 이 토로 빙판을 찍는 순간 **마찰력**이 생겨요. 그 힘을 이용해 높이 뛰는 거예요.

중력은 지구가 물체를 끌어당기는 힘을 말하고 자기력은 자석끼리 서로 끌어당기거나 밀어내는 힘을 말해요.

피겨 스케이팅용 스케이트
정면에서 본 날의 모습
- 가운데 홈이 있다.
- 비교적 두껍다.

스피드 스케이팅용 스케이트
정면에서 본 날의 모습
- 날 바닥이 평평하다.
- 비교적 두께가 가늘다.

동물의 생태

지구에서 가장 오래 살고 있는 척추동물은 무엇일까요?

① 그린란드상어 ② 아프리카코끼리

③ 알다브라코끼리거북

우리 몸의 정상 체온은 몇 도일까요?

① 27~28℃
② 36~37℃
③ 41~42℃

① 그린란드상어

그린란드상어는 몸길이가 1년에 약 1cm씩 자라서 몸길이로 나이를 짐작합니다. 노르웨이 근처 바다에서 발견된 그린란드상어는 무려 1502년에 태어난 것으로 추측하고 있어요. 지구에서 가장 나이가 많은 **척추동물**로 알려져 있지요. 그린란드상어는 수온이 낮은 북극 심해에 살고 있어요. 활동성이 낮아서 성장이 느려요. 그래서 수명이 길어졌다고 추측합니다.

아프리카코끼리의 최대 수명은 약 70년, 알다브라코끼리거북의 최대 수명은 약 190년으로 길다고 합니다.

 **36~37°C**

우리 몸의 온도는 항상 일정하게 유지됩니다. 영양분을 분해해서 열에너지를 얻고, 또 열을 몸 밖으로 보내서 체온을 유지하지요. 몸에서 열이 많이 오르면 혈액 순환이 빨라지고 면역 세포도 더 활발하게 움직입니다. 하지만 동시에 몸속 염증들이 과하게 활성화되어 질병이 생길 수 있습니다. 따라서 우리 몸에서 열이 나면 응급 처치로 이마, 겨드랑이 등을 물수건으로 닦아 체온을 내리는 것이랍니다. 반대로 체온이 떨어져 저체온증에 걸리면 혈액 순환, 호흡 기능 등이 느려져서 생명에 큰 위협이 됩니다.

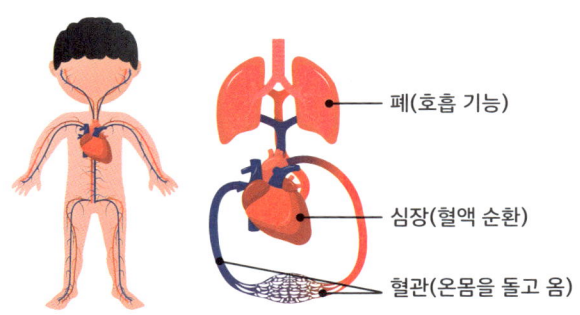

식물의 발견

핵전쟁이나 기상 이변 같은 이유로 식물이 사라질 경우를 대비해서 씨앗을 저장해 둔 씨앗 저장소가 있어요. 시드볼트(seed vault)라고 하지요. 시드볼트를 만든 두 나라는 어디일까요?

① **대한민국**

② **미국**

③ **노르웨이**

신기한 물질

탄산음료 뚜껑을 따면 보글보글 거품이 올라와요. 탄산을 생기게 하는 물질이 녹아 있기 때문입니다. 이 물질은 무엇일까요?

① 질소
② 산소
③ 이산화 탄소

 **대한민국,** **노르웨이**

전 세계에 알려진 식물은 약 40만 종으로, 이미 식물의 약 40%가 멸종 위기에 놓였다고 합니다. 사라져 가는 식물을 보호하고 식물들의 종자를 영구적으로 보관하기 위해 시드볼트를 세웠습니다. 전 세계에 단 두 곳뿐이지요. 우리나라 경상북도 봉화에는 '백두대간 글로벌 시드볼트'가 있고, 노르웨이 스발바르 제도에는 '스발바르 시드볼트'가 있습니다.

스발바르 시드볼트

 **이산화 탄소**

탄산음료에는 이산화 탄소가 탄산의 형태로 녹아 있어요. 가만히 놓아둔 탄산음료를 열면 탄산이 천천히 빠집니다. 액체의 표면 장력이 탄산이 새어 나오는 것을 막기 때문이에요. 이산화 탄소는 액체의 온도가 더 낮을수록 잘 녹아 있어요. 따라서 시원한 탄산음료가 더 맛있는 거랍니다.

물방울이 동그란 이유

표면 장력이란 액체 속 분자들이 서로 당기려는 힘이에요. 스스로 오그라들어서 가능한 한 작은 면적 위에 모여 있으려고 하는 힘이지요. 물방울이 동그랗게 맺혀 있는 것도 표면 장력 때문이에요.

놀라운 현상

햇빛 아래에 오래 있다 보면 피부가 벌겋게 달아올라요. 시간이 지나면 피부색이 어두워지지요. 이때 피부가 타는 것은 무엇 때문일까요?

① **적외선**
② **자외선**
③ **가시광선**

동물의 생태

소는 먹이를 삼켰다가 다시 게워 내어 씹어요. 하루에 길게는 12시간 정도 되새김질을 합니다. 이렇게 되새김질하느라 바쁜 소의 위는 몇 개일까요?

 2개　 **3개**　 **4개**

② 자외선

자외선은 말 그대로 자색(보라색)의 바깥에 있는 광선이라는 뜻이에요. **가시광선**(눈으로 볼 수 있는 광선)의 보라색보다 바깥에 있는 빛으로, 파장이 짧아요. 자외선은 피부를 태우고, 오랫동안 노출되면 피부암을 발생시키기도 해요. 한편 자외선 에너지는 컵이나 칫솔의 균을 없애는 살균기에 활용되기도 합니다.

적외선은 가시광선의 적색(빨간색)보다 바깥에 있는 광선이라는 뜻이에요.

 **4개**

소는 침에 먹이를 분해하는 효소가 없어요. 먹이 속 영양분을 최대한 흡수하기 위해 되새김질을 합니다. 위에 들어 있는 미생물을 이용해서 먹이를 소화시키는 것을 반복하는 것이지요. 소처럼 되새김질을 하는 동물을 **반추 동물**이라고 합니다.

소의 위는 총 4개예요. 흑위, 벌집위, 겹주름위, 주름위가 있습니다. 흑위를 거쳐 벌집위에서 분해된 먹이는 다시 입으로 돌아갑니다. 씹고 난 다음 다시 흑위, 벌집위를 거쳐 겹주름위, 주름위로 가지요.

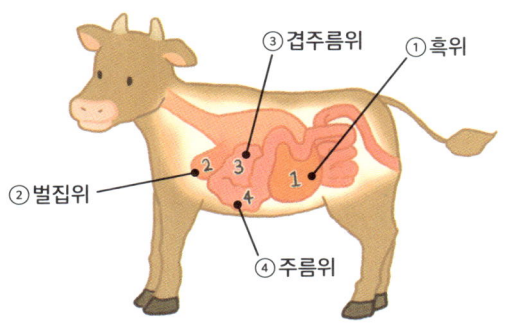

우리 몸

빙글빙글 돌다가 멈춰 보세요! 어지럽지요? 우리 몸에는 회전 운동을 느끼는 기관이 있기 때문이에요. 어느 기관일까요?

① **반고리관**
② **아킬레스건**
③ **골반**

초콜릿을 만드는 데 꼭 필요한 재료는 무엇일까요?

① **헤이즐넛**

② **카카오**

③ **피스타치오**

① 반고리관

귀 안쪽에 반고리관이라는 기관이 있어요. 반고리관에는 '림프액'이라는 액체가 들어 있지요. 우리 몸이 회전을 하면 **림프액**도 같이 움직여요.

몸이 멈춰도 림프액은 바로 멈추지 못하고 한동안 흔들립니다. 그래서 머리에서 어지러움을 느끼는 거랍니다.

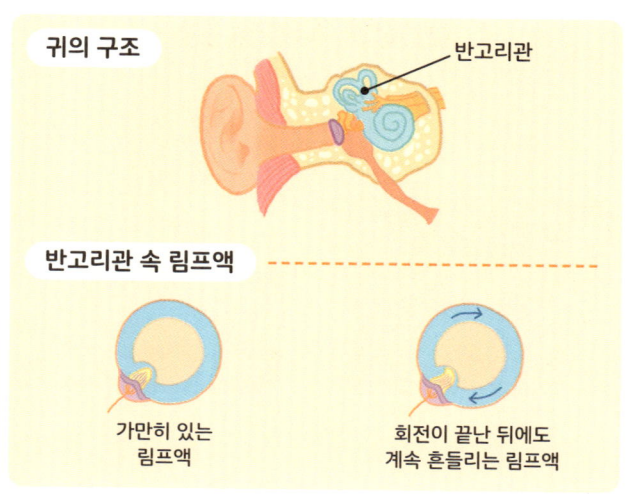

귀의 구조 — 반고리관

반고리관 속 림프액

가만히 있는 림프액 / 회전이 끝난 뒤에도 계속 흔들리는 림프액

 **카카오**

초콜릿은 카카오 씨앗을 볶아 만든 가루(코코아)에 설탕이나 우유 등을 넣어 만듭니다. 카카오는 그대로 먹으면 쓴맛이 나요. 카카오 함량이 써 있는 초콜릿도 있는데, 함량이 높을수록 쓴맛이 많이 납니다. 초콜릿은 **카페인**이 많이 들어 있어 집중력을 높이는 데 도움이 돼요. 하지만 열량과 당류가 많아서 비만과 충치를 유발할 수 있으니 적당히 먹어야 합니다.

세상에서 가장 단단한 물질은 무엇일까요?

① **다이아몬드**

② **금**

③ **자수정**

놀라운 현상

달리던 버스가 갑자기 멈추면 사람들은 어느 방향으로 쏠릴까요?

 앞쪽   **뒤쪽**

① 다이아몬드

다이아몬드는 세상에서 가장 단단한 물질로 알려져 있습니다. 광물의 단단한 정도를 **경도**라고 하는데, 다이아몬드는 가장 단단한 경도 10(모스 경도)에 해당하지요. 다이아몬드는 순수한 탄소 원자들이 정사면체 형태로 결합해 있어서 단단합니다. 장신구 외에 산업용으로 많이 쓰입니다. 이때는 자연산이 아닌 인공 다이아몬드를 제작해 대리석, 콘크리트 같은 단단한 물질들을 자르거나 우주선의 창문을 만드는 데도 쓰인답니다.

정사면체 구조

 **앞쪽**

달리던 버스가 갑자기 멈추어 서 있던 사람들이 앞쪽으로 쏠리는 이유는 관성 때문입니다. **관성**이란 운동하는 물체는 계속 운동하려고 하고, 정지해 있는 물체는 계속 정지해 있으려는 성질을 말합니다. 버스가 움직일 때 사람들의 몸도 같은 방향으로 가려고 하는데, 버스가 멈추자 몸이 그 관성을 이기지 못해 앞쪽으로 쏠리는 것이지요. 반대로 버스가 멈춰 있다가 갑자기 출발하려고 하면 서 있던 사람들은 뒤쪽으로 쏠립니다. 이번에는 가만히 있으려고 하는 관성 때문이지요. 관성을 느낄 수 있는 다른 사례도 찾아보세요!

동물의 생태

아래 새는 갈라파고스섬에 사는 핀치새 종류입니다. 각 핀치새는 무엇을 먹고 살까요? 부리 모양을 보고 유추해 보세요.

| 과일 | 선인장 | 곤충 | 씨앗 |

얼굴의 주름을 펴 주는 보톡스는 세균이 만들어 낸 물질을 약으로 개발한 것이에요. 보톡스는 사람에게 ☐이 되기도 합니다. 빈칸에 들어갈 말은 무엇일까요?

 살   독   침

정답 25

딱딱한 씨앗을 부숴 먹는 핀치새는 부리가 크고 튼튼해요. 선인장을 파먹는 핀치새는 선인장의 가시보다 긴 부리를 가지고 있어요. 과일을 따 먹는 핀치새는 부리가 크지요. 곤충을 먹는 핀치새는 먹이의 크기나 서식지에 따라 부리가 달라져요. 갈라파고스섬에서만 사는 핀치새이지만 먹이에 따라 부리 모양이 다른 모습을 볼 수 있답니다.

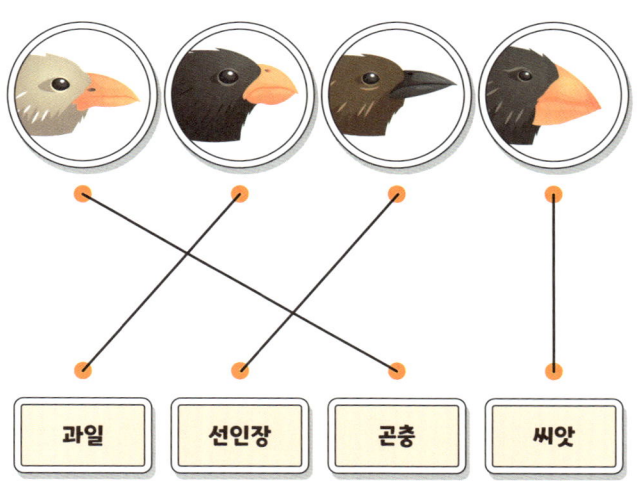

  독

보톡스의 원료인 보툴리눔 톡신은 1895년 벨기에의 미생물학자 에르멘젬 교수가 발견했어요. 밀폐된 환경에서 잘 번식하는 보툴리눔 톡신은 1g만으로도 사람 200만 명을 죽일 수 있을 정도로 굉장히 치명적인 독이에요. 보톡스는 보툴리눔 톡신을 정제하고 희석해서 의약품으로 만든 거예요. 보톡스는 사시 치료, 주름살 제거, 두통 완화 등 다양한 질환에 사용되고 있습니다. 현대 약학의 아버지라고 불리는 파라셀수스는 아래 그림 속 말을 남겼어요.

약과 독의 차이는 용량에 따라 달라지지.

스위스 의학자 파라셀수스

식물의 발견

다음 중 나무에서 열리지 않는 열매는 무엇일까요?

① 블루베리

② 땅콩

③ 레몬

우리 몸

우리 몸은 단단한 뼈가 몸속 기관을 보호하고 있어요. 또한 몸을 움직일 수 있게 합니다. 우리 몸 부위 중에서 뼈가 가장 많은 곳은 어디일까요?

 머리   손   발

손이랑 발은 두 개씩 있으니 개수가 더 많겠는걸?!

 **땅콩**

땅콩은 '땅에서 나는 콩'이라는 의미로, 땅속에서 열매를 맺습니다. 땅콩은 땅에서 자라다 보니 곤충의 도움 없이 스스로 수분을 하는 **자가 수분** 식물입니다. 고소한 맛이 나는 땅콩은 일반 콩보다 고지방, 고단백질로 건강 식품에 속합니다.

블루베리와 레몬은 나무에서 열리는 열매예요. 블루베리는 항산화 물질이 풍부하고 눈 건강에 도움이 돼요. 레몬은 비타민 C가 많은 대표 과일입니다.

  손

뼈 개수를 살펴보면 머리를 이루는 뼈인 두개골은 26개, 손은 각각 27개로 총 54개, 발은 각각 26개로 총 52개입니다. 손에 뼈가 가장 많습니다. 손은 다른 기관보다 작지만 거의 모든 행동에 활용하고 정교한 동작을 할 수 있지요. 손 못지않게 발에 뼈가 많은 이유는 몸무게를 버티고, 걸을 때 무게가 주는 충격을 줄이는 역할을 하기 때문입니다. 아기가 갓 태어났을 때 뼈 개수는 450개 정도이지만 성장하면서 여러 개의 뼈가 하나로 합쳐집니다. 성인이 되면 206개의 뼈만 남는답니다.

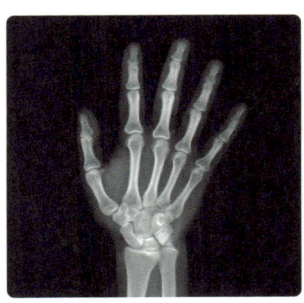 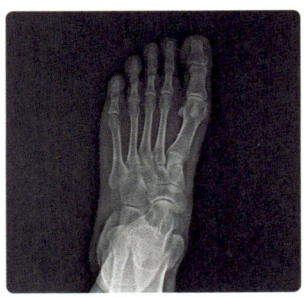

위대한 과학자

노벨상은 인류의 복지에 큰 힘을 쓴 개인이나 단체에 주어지는 명예로운 상이에요. 생리의학, 물리학, 화학, 문학, 평화, 경제학 부문이 있지요. 이 상은 어떤 과학자의 유언에 따라 만들어졌어요. 누구일까요?

_____

동물의 생태

아래 동물 중 어류가 아닌 것은 무엇일까요?

① 대왕고래

② 백상아리

③ 흰동가리

노벨

19세기 스웨덴의 화학자 노벨은 어렸을 때부터 폭약에 관심이 많았어요. 커서는 안전한 폭약을 만드는 연구를 하다가 1866년 다이너마이트를 발명했지요. 다이너마이트는 다른 폭약보다 안전해서 광산을 개발할 때 많이 쓰였어요. 하지만 전쟁에 사용되면서 노벨은 회의감을 느꼈습니다. 이에 인류에 공헌하고자 자기 재산을 기부해 만든 상이 노벨상입니다.

노르웨이 오슬로에 있는 노벨 흉상

대왕고래

대왕고래는 바닷속에 사는 포유류예요. 대부분 알을 낳는 어류와 달리 대왕고래는 새끼를 낳아 젖을 먹여 키웁니다. 또 물고기는 아가미로 호흡하지만 대왕고래는 주기적으로 수면 위로 올라와 호흡을 해야 하지요. 한 번 숨을 쉬면 바닷속에 오랫동안 있을 수 있답니다.

바닷속에 사는 다른 포유류로는 물범이나 돌고래 등이 있어요. 백상아리와 흰동가리는 어류에 속합니다.

지구와 우주

바닷물이 빠지는 것을 (썰물 / 밀물), 바닷물이 들어오는 것을 (썰물 / 밀물)이라고 합니다. 맞는 말에 동그라미 해 보세요!

서해안에 가면 갯벌을 볼 수 있어요!

식물의 발견

우리가 과일이라고 알고 먹고 있지만 사실은 꽃이에요. 무엇일까요?

① 무화과

② 용과

③ 백향과

썰물, 밀물

해변에서 바닷물이 빠지는 것을 **썰물**, 바닷물이 들어오는 것을 **밀물**이라고 합니다. 썰물과 밀물이 생기는 이유는 달의 인력(물체끼리 서로 끌어당기는 힘) 때문입니다. 지구가 달을 끌어당기듯이 달도 지구를 끌어당기기 때문에 달 쪽으로 바닷물이 모여 해변에서 썰물이 일어나지요. 반대편 바다에도 바닷물이 모이는 이유는 지구가 자전을 하며 생기는 원심력이 달의 인력보다 커서 모이는 거예요.

 **무화과**

무화과는 한자로 '없을 무(無)', '꽃 화(花)', '열매 과(果)'를 써요. 꽃이 없다는 뜻이지만 사실 꽃이 있습니다. 다만 꽃처럼 생기지는 않았어요. 껍질이 꽃받침이고, 안에 우리가 먹는 붉은 부분이 꽃이지요.

무화과는 오래 보관하기 어려워서 말리거나 잼으로 보관합니다. 단백질 분해 효소가 많이 들어 있어서 고기를 먹은 다음 무화과를 먹으면 소화가 잘된다고 합니다.

용과는 드래곤 프루트, 백향과는 패션 프루트라고도 합니다.

신기한 물질

대리석은 석회 성분으로 이루어진 돌로 아주 단단해요. 하지만 대리석도 쉽게 녹일 수 있는 산성 물질이 있어요. 무엇일까요?

① **염산**
② **베이킹 소다**
③ **표백제**

우리 몸

음식을 급하게 먹거나 놀랐을 때 갑자기 딸꾹질을 하곤 해요. 몸의 어느 부분에서 딸꾹질을 하는 것일까요?

① 횡격막
② 성대
③ 어깨

  **염산**

대리석은 석회암에 속하는 돌로 산성 물질을 만나면 녹습니다. 산성 물질은 물에 녹았을 때 수소 이온이 얼마나 나오는지에 따라서 강산과 약산으로 나뉩니다. 염산은 대표적인 강산에 속합니다. 약품 등을 만드는 데 쓰이며 사람의 피부까지 녹일 정도로 위험하기 때문에 함부로 만져서는 안 됩니다.

① 횡격막

우리가 숨을 들이쉬면 공기가 코와 입을 통해 폐로 들어가요. 이때 갈비뼈가 올라가고 횡격막이 내려가면서 폐가 커져 공기가 들어올 수 있어요. 폐에서는 공기 속 산소를 흡수하지요. 반대로 숨을 내쉴 때는 갈비뼈가 내려가고 횡격막이 올라갑니다.

숨을 쉬다가 갑자기 횡격막이 자극을 받아 수축하면서 호흡이 짧아지면 딸꾹질을 하는 것이랍니다.

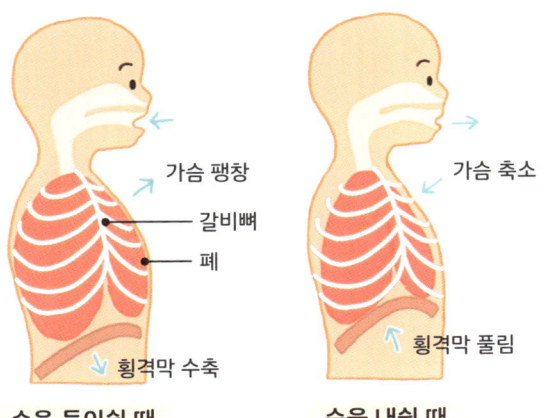

놀라운 현상

딩동댕~ 글로켄슈필에서 가장 낮은 소리를 내는 부분은 어디일까요?

동물의 생태

광산에서 광물을 캐는 광부들은 갱으로 들어갈 때 항상 새를 데려갔다고 합니다. 어떤 새일까요?

① 앵무새

② 카나리아

③ 흰머리오목눈이

 # 가장 긴 건반

글로켄슈필을 채로 쳤을 때 소리가 나는 이유는 주변에 공기가 있어서예요. 금속 건반이 진동하면서 공기 중으로 진동이 전달되어(파동) 소리가 들리는 것입니다. 긴 건반을 치면 다른 건반보다 느리게 진동하고 긴 파동을 만들어 낮은 소리가 납니다. 짧은 건반은 같은 힘으로 치더라도 더 빠르게 진동하고 짧은 파동을 만들어 높은 소리가 나지요. 즉 파동이 짧을수록 높은 소리가 나고, 파동이 길수록 낮은 소리가 납니다.

카나리아

19세기 광부들은 갱 안에 유독 가스가 나오는지 확인하기 위해 카나리아를 데리고 들어갔어요. 땅을 파다 보면 일산화 탄소 등 유독 가스가 새거나 산소가 부족해질 수 있거든요. 카나리아는 호흡기가 예민한 새라서, 미세한 유독 가스에도 울음을 멈추고 움직임이 둔해진대요. 이런 카나리아를 보고 광부들은 바로 대피해 사고를 예방할 수 있었지요.

문제 37

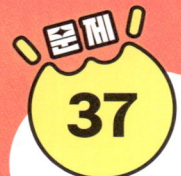

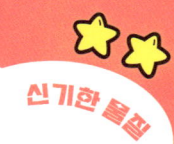

신기한 물질

이 기체가 들어간 풍선을 마시면 목소리가 변해요! 이 기체는 무엇일까요?

① 산소

② 헬륨

③ 이산화 탄소

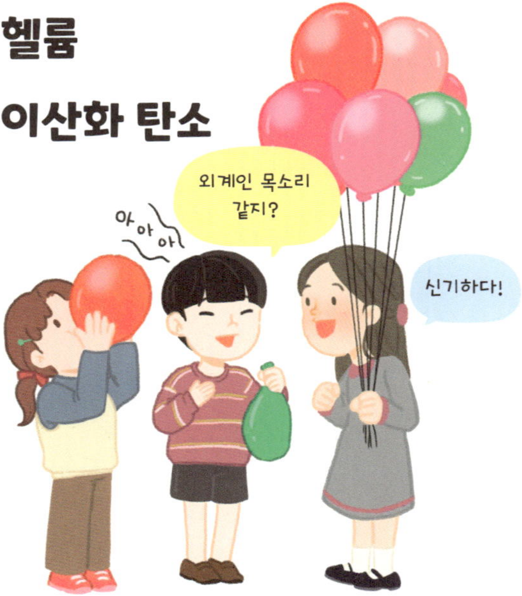

이 식물은 달콤한 향으로 곤충을 꾀어내 잡아먹어요! 무슨 식물일까요?

① 파리지옥

② 투구꽃

③ 오베사선인장

 헬륨

헬륨은 색도 없고 향도 없는 기체예요. 공기에 들어 있는 기체 중 수소 다음으로 가벼워서 풍선 속을 채우는 데도 사용합니다. 수소가 더 가볍지만 작은 충격에도 폭발할 수 있어 사용하지 않습니다. 헬륨은 공기보다 밀도가 낮아요. **밀도**가 낮으면 공기 진동이 빨라져서 높은 음이 나요. 그래서 헬륨을 마시면 목소리가 바뀐답니다.

입으로 불었을 때

헬륨으로 채웠을 때

① 파리지옥

파리지옥은 달콤한 향이 나요. 향에 홀린 곤충이 잎에 앉아서 감각모를 건드리는 순간 파리지옥은 양쪽으로 벌어진 잎을 닫습니다. 잡은 곤충을 녹여서 먹지요. 이처럼 곤충을 잡아먹는 식물을 **식충 식물**이라고 합니다. 네펜테스, 끈끈이주걱 등이 있어요. 네펜테스는 꿀샘으로 곤충을 유인한 다음 입구가 미끄러운 통인 포충낭에 빠뜨려요. 끈끈이주걱은 끈끈한 액체를 내어 곤충을 잡아먹는답니다.

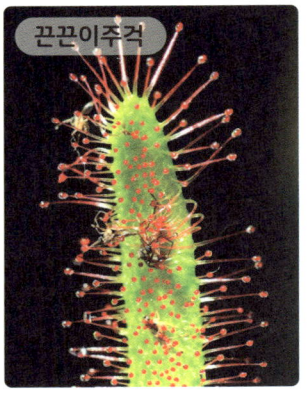

지구와 우주

밤하늘에 떠 있는 달은 별이에요.

자동차 타이어, 설거지 장갑 등 고무는 일상생활에서 아주 많이 쓰여요. 고무의 원료는 어디에서 얻는 것일까요?

 나무　 **암석**　 **우유**

별은 스스로 빛과 열을 만들어 내는 구체(둥근 물체)를 뜻합니다. 따라서 우리를 밝게 비추어 주는 태양은 별이지만 달은 태양 빛을 반사해 빛이 나는 것이므로 별이 아니랍니다.

별은 내부에서 **핵융합**이 일어나서 스스로 빛과 열을 만듭니다. 별의 중심부에는 여러 물질들이 끊임없이 폭발을 하며 에너지를 만들어요. 이 에너지가 빛과 열을 내는 거랍니다.

태양

  **나무**

고무는 고무나무에서 나오는 수액을 굳혀서 만든 물질이에요. 늘어났다가 다시 줄어드는 탄성력과 잘 미끄러지지 않게 하는 마찰력이 있기 때문에 다양하게 활용합니다.

보석이 된 수액

나무의 수액이 굳어 자연스레 만들어진 보석이 있어요. 호박이에요. 호박은 소나무에서 나온 수액인 송진이 100만 년이 넘는 아주 오랜 시간 동안 굳어야 만들어진대요.

호박 — 곤충이 갇혀 있어요!

송진

놀라운 현상

물속에서 노래를 들을 수 있어요.

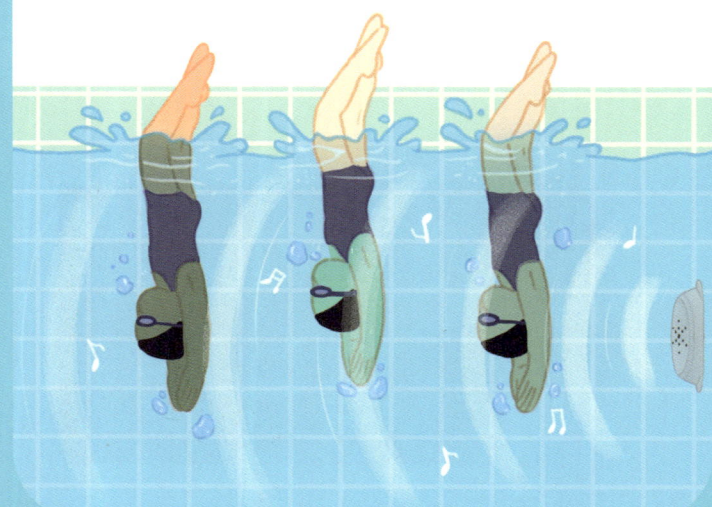

낙타 등에는 혹이 달려 있어요. 혹 안에는 무엇이 들어 있을까요?

 물　 오줌　 지방

우리가 노래를 들을 수 있는 이유는 공기가 존재하기 때문이에요. 소리는 공기를 떨게 하고, 이 진동이 우리 귀에 전달되기 때문에 노래를 들을 수 있지요. 이 공기의 역할을 물도 할 수 있어요. 물속에서 소리가 멀리 가지는 않지만 전달되는 속도는 훨씬 빨라요. 반면 우주처럼 공기나 물이 없는 공간에서는 아무리 소리가 커도 들을 수 없습니다.

 **지방**

낙타는 목과 다리가 긴 낙타과 동물로, 등에는 지방을 저장하는 혹이 달려 있어요. 단봉낙타는 혹이 한 개, 쌍봉낙타는 혹이 두 개예요. 낙타가 며칠 먹이를 먹지 못하면 혹이 점점 작아진다고 합니다.

낙타는 속눈썹이 길고 콧구멍을 여닫을 수 있어서 사막의 거센 모래바람을 잘 견딜 수 있어요.

우리 몸

넘어지거나 베이면 붉은 피가 나요. 피는 이것 때문에 붉은색이에요. 무엇일까요?

① **적혈구**
② **백혈구**
③ **혈소판**

음식에는 우리 몸에 필요한 에너지가 담겨 있어요. 에너지가 얼마나 담겨 있는지 나타내는 단위가 있습니다. 무엇일까요?

① 뉴턴(N)
② 헥타르(ha)
③ 칼로리(cal)

 # 적혈구

피는 우리 온몸을 돌면서 세포에 산소와 영양분을 주고, 이산화 탄소와 노폐물을 받아 와요. 피에서 산소 배달을 맡은 것이 바로 적혈구예요. **적혈구**는 철(Fe)을 지니고 있어 피가 붉은색으로 보이게 합니다. 적혈구, 백혈구, 혈소판 모두 피의 성분이에요. 백혈구는 균 등을 잡아먹어 감염을 막는 역할이에요. 혈소판은 상처가 난 핏줄에 엉겨 붙어서 피를 멈춥니다.

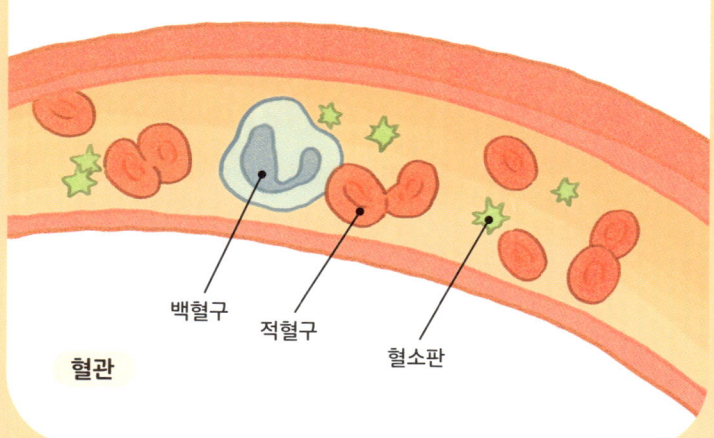

 # 칼로리(cal)

칼로리는 열량의 단위입니다. 열량이란 열에너지의 양으로, 1cal는 물 1g의 온도를 1℃씩 올리는 데 필요한 열의 양입니다. 우리 몸은 활동하기 위해 에너지, 즉 열량이 필요합니다. 하루에 필요한 열량은 체격이나 근육량에 따라 사람마다 달라요. 몸에 필요한 열량보다 더 많은 열량을 섭취하면 남은 열량은 에너지로 사용되지 않고 지방이 되어 쌓입니다. 따라서 각자 몸에 맞게, 적절한 열량을 섭취해야 건강을 유지할 수 있습니다. 음식 제품의 포장 용기를 보면 열량이 몇 칼로리인지 적혀 있을 거예요. 여러분도 찾아보세요!

뉴턴(N)은 힘의 단위, 헥타르(ha)는 넓이의 단위입니다.

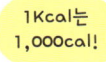 1Kcal는 1,000cal!

식물의 발견

아래 식물 사진은 지금 모습이 아닌 야생 그대로의 모습이에요. 이 식물은 무엇일까요?

① 옥수수
② 파파야
③ 벼

여름에 쪄서 먹는 것!

뉴욕을 상징하는 '자유의 여신상'은 이 금속으로 만들어졌어요. 원래 황동색이었지만 시간이 지나면서 연녹색이 되었지요. 이 금속은 무엇일까요?

① 구리　② 철　③ 은

 **옥수수**

우리가 알고 있는 옥수수의 모습과 많이 다르지요? 이렇듯 야생에서는 전혀 다른 모습을 보여 주는 식물이 많아요. 생장 속도를 빠르게, 크기는 크게, 양은 더 많게 하는 등 여러 이유로 품종을 개량했기 때문입니다. 아래 개량 전 바나나와 당근 사진을 보면 바나나도 우리가 알던 모습과 다르지요? 개량한 식물로 또 어떤 것이 있는지 찾아보세요!

  구리

구리는 옛날부터 매장량이 많고 주조하기 쉬워서 많은 곳에 활용되었습니다. 구리의 특징은 산소와 만나면 산화가 되는 것입니다. 구리는 원래 황동색인데 산화가 되면 푸른빛으로 변합니다. 그래서 자유의 여신상이 지금의 연녹색을 띠고 있지요. 자전거에 쓰이는 철도 산소와 만나 산화됩니다. 철은 산화가 되면 은색에서 갈색이 됩니다.

놀라운 현상

공기가 없는 진공 상태에서 아래 물건들을 같은 높이에서 떨어뜨리면 어느 것이 가장 먼저 떨어질까요?

① **볼링공**

② **책**

③ **색연필**

우리 몸

범죄 현장에 남은 도둑의 ☐☐은 도둑을 잡는 데 아주 중요한 단서가 되지요. 이것은 무엇일까요?

_____

완전 범죄군!

①, ②, ③이 동시에 떨어져요.

볼링공, 책, 색연필 모두 동시에 떨어집니다. 지구에서 물건을 떨어뜨리면 가장 무거운 물건부터 떨어질 거예요. 물건이 무거울수록 **중력**이 더 세게 작용해 빨리 떨어집니다. 또한 가벼운 물건은 공기의 저항이 세기 때문에 천천히 떨어지지요. 하지만 공기가 없는 진공 상태라면 공기의 저항이 작용하지 않아 모든 물건이 동시에 떨어집니다.

공기 저항이 없다면 모든 물건은 질량과 상관없이 동시에 떨어진다네.

이탈리아의 물리학자 갈릴레오 갈릴레이

 # 지문

도둑이 만졌던 문손잡이나 컵 등에 지문이 남아 있을 수 있어요. 사람마다 지문이 달라서 남은 지문으로 용의자를 가려낼 수 있어요.

손가락 끝을 잘 보세요. 우리 손가락에는 소용돌이 모양의 지문이 있어요. 지문은 마찰을 생기게 해 미끄러운 물건도 잘 잡을 수 있게 도와줍니다. 지문 위에 사인펜을 칠해 종이에 꾹 눌러요. 가족, 친구들의 지문과 비교해 보세요. 다 다르게 생겼지요?

500mL 생수 페트병을 냉동실에 넣어 얼려 보세요. 페트병의 모양은 어떻게 바뀔까요?

페트병으로 실험해요! 유리병은 얼리면 깨질 수 있어요!

① 페트병이 더 작아져요.
② 페트병이 더 커져요.

문제 50

동물의 생태

전 세계 식물의 70% 이상이 열매를 맺는 데 이 곤충이 필요합니다. 하지만 기후 변화로 많이 사라지고 있어요. 이 곤충은 무엇일까요?

1. 꿀벌
2. 개미
3. 파리

 **페트병이 더 커져요.**

물은 실온에서 모양이 일정하지 않은 액체입니다. 하지만 온도가 0℃보다 낮아지면 모양이 일정한 고체인 얼음이 됩니다. 물은 수소 분자 한 개와 산소 분자 두 개를 가지고 있어요. 액체일 때는 이 분자들이 자유롭게 돌아다니다가 냉동실에서 물이 얼면 분자들이 모여서 육각형의 구조를 이룹니다. 이때 물의 **부피**(물체가 공간에서 차지하는 크기)가 커져 페트병도 커진답니다.

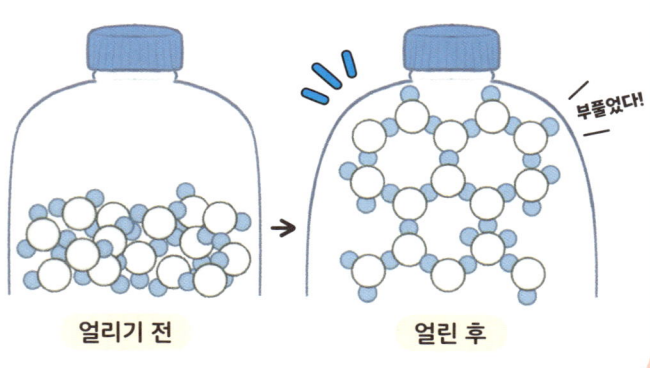

 **꿀벌**

식물의 수분을 돕는 꿀벌이 사라지면서 식물들의 번식이 어려워지고 있어요. 식물은 공기 중 오염 물질을 흡수하고 산소를 내뿜어요. 이런 식물이 사라진다면 산소가 부족해질 거예요. 나무와 숲에 살고 있는 여러 생물도 사라지겠지요. 작은 꿀벌이 지구를 살리는 아주 큰일을 하고 있었답니다. 꿀벌의 중요성을 알리기 위해 2018년부터 매년 5월 20일을 세계 꿀벌의 날로 지정해 기념하고 있어요.

식물의 발견

식물은 뿌리, 줄기, 잎, 꽃, 열매로 이루어져 있어요. 고구마와 마늘은 뿌리채소예요. 그렇다면 당근과 감자는 각각 어떤 채소일까요?

① **뿌리채소**
② **잎채소**
③ **줄기채소**

18세기 스웨덴의 한 식물학자는 생물을 종류로 나누는 방식인 생물 분류법을 생각해 냈어요. 식물의 경우 암술과 수술의 위치, 개수 등 여러 기준으로 종류를 구분했습니다. 이 식물학자의 이름은 무엇일까요?

① **니콜라 테슬라**
② **아인슈타인**
③ **칼 폰 린네**

스웨덴 100 크로나 지폐

정답 51 ① **뿌리채소**, ③ **줄기채소**

당근은 고구마처럼 땅에서 수확하는 뿌리채소입니다. 하지만 똑같이 땅속에서 자라는 감자는 줄기채소입니다. 줄기 마디에서 얇은 줄기들이 나오고, 그 끝이 커져서 덩이줄기가 되는데 이 덩이줄기가 감자이지요. 따라서 감자는 줄기채소에 속합니다.

칼 폰 린네

스웨덴의 식물학자 린네는 최초로 동식물을 분류하는 법을 제안했습니다. 생물마다 학명을 어떻게 표기할 것인지 그 방법도 소개했지요. 이 분류법을 통해 동식물들의 공통점과 차이점을 한눈에 볼 수 있고, 어떻게 지금의 모습으로 진화했는지 이해하는 데 큰 도움이 되었답니다. 우리 인류를 '호모 사피엔스'라고 명명한 사람도 바로 린네예요.

호모 사피엔스(Homo sapiens)
=
sapiens(지혜로운) + homo(사람)

동물의 생태

여름밤 반짝이는 빛을 내는 반딧불이는 몸이 뜨거울까요?

① **몸이 뜨거워요.**
② **몸이 뜨겁지 않아요.**

수돗물이나 수영장의 물은 세균을 없애기 위해 이 물질로 소독합니다. 무엇일까요?

 염소　 규소　 붕소

정답 53 ② 몸이 뜨겁지 않아요.

방을 밝히는 전등을 만지면 뜨거워요! 전등은 빛 에너지와 열에너지를 둘 다 만들어 뜨겁지요. 하지만 반딧불이가 내는 빛은 뜨겁지 않아요. 반딧불이 몸속에서 만들어 내는 '루시페린'이라는 물질 때문이에요. 루시페린은 열에너지가 아닌 대부분 빛 에너지만 만들어 내기 때문에 뜨겁지 않지요.

빛을 내는 생물

반딧불이처럼 빛을 내는 생물로는 호주의 발광 버섯, 몰디브나 뉴질랜드의 바다의 형광 플랑크톤이 있어요. 또 다른 발광 생물을 찾아보세요!

  **염소**

염소는 원래 독성이 강한 기체 원소입니다. 제1차 세계 대전에서 독가스의 원료로 사용했지요. 지금은 염소의 농도를 낮추어 락스나 살균제 원료로 사용합니다. 수돗물이나 수영장 물 등을 소독 처리하지요. 물론 인체에 무해할 정도로 사용합니다. 수영장 물을 마시거나 냄새를 맡을 때 매캐한 냄새가 난다면 염소 때문입니다. 염소와 우리 몸의 땀, 침이나 미생물 등이 만나면 나는 냄새지요.

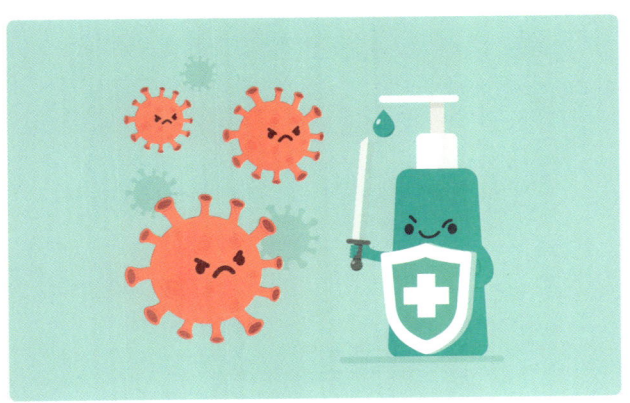

놀라운 현상

이 현상은 공기에 떠 있는 수증기에 햇빛이 굴절, 반사, 분산되어 나타납니다. 비가 그치고 해가 뜰 때 종종 볼 수 있지요. 이 현상은 무엇일까요?

_____

우리 몸

봄에 꽃가루가 날리면 기침하는 사람들이 있어요. 무엇 때문일까요?

1. **조건 반사**
2. **알레르기**
3. **소화 불량**

무지개

무지개는 태양 광선이 공기 중 물방울을 만나 각각 여러 각도로 굴절, 반사, 분산되면서 나타나는 기상 현상이에요. 무지개 색이라고 하면 보통 일곱 가지 색을 떠올리는데, 사실 무지개는 색이 뚜렷하게 분리되어 있는 것은 아니에요.

빛의 분산

 **알레르기**

몸에 어떤 물질이 들어올 때 눈물이나 콧물이 나고, 갑자기 몸이 붓고 피부에 두드러기가 날 수 있어요. 이처럼 면역 체계가 과하게 반응하는 것을 알레르기라고 합니다. 알레르기는 '과민 반응', '거부 반응'이라고도 합니다. 알레르기를 일으키는 대표적인 물질로는 꽃가루, 복숭아, 동물의 털, 땅콩, 조개 등이 있어요.

완두콩 / 계란 / 새우

땅콩 / 나무 / 생선

금, 은, 다이아몬드 같은 금속은 실온에서 모양이 일정한 고체입니다. 하지만 금속 중에 유일하게 실온에서 액체 상태인 금속이 있어요. 무엇일까요?

① **티타늄**
② **텅스텐**
③ **수은**

지구와 우주

아주 오래전 지구의 대륙은 하나였어요. '판게아'라고 합니다. 판게아가 갈라져 지금의 대륙이 되었어요. 대륙이 갈라진 순서를 바르게 나열해 보세요.

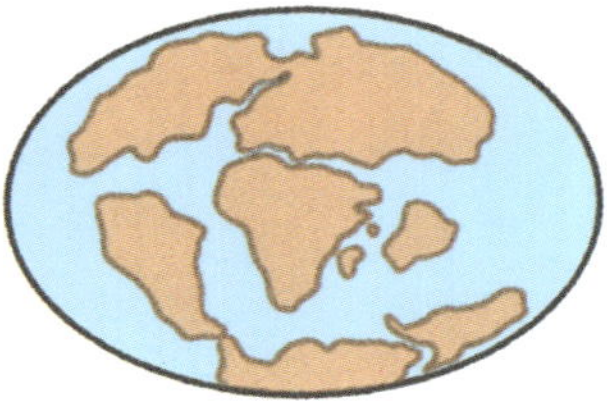

① 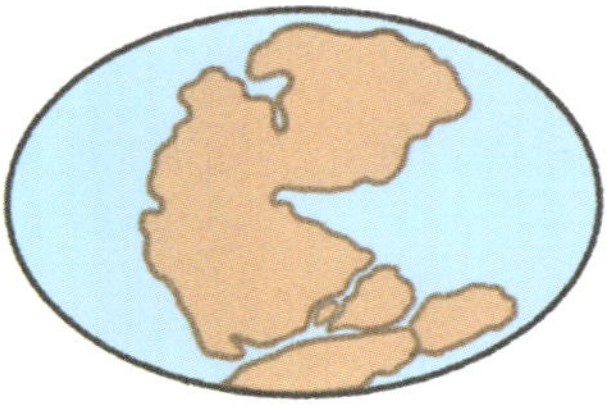 ② 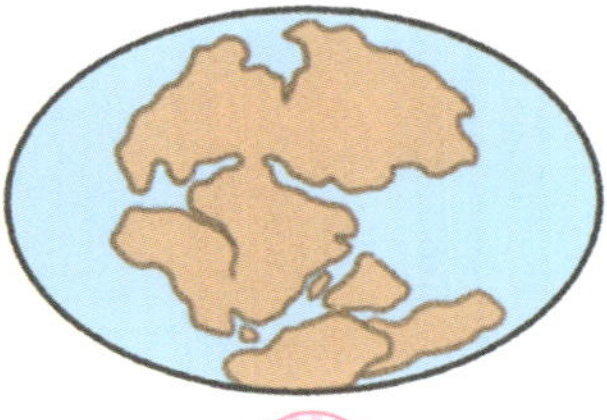 ③  ④

  수은

수은은 실온에서 액체 상태로 존재하는 금속이에요. 금속도 물처럼 어는점, 녹는점이 있어요. **어는점**이란 액체가 고체 상태가 되는 온도, **녹는점**이란 고체가 액체 상태로 변하는 온도를 말합니다. 수은은 어는점과 녹는점이 영하 38℃로 같아요. 그래서 수은은 실온에서도 액체 상태로 있답니다. 티타늄과 텅스텐은 실온에서 고체 상태입니다.

금속의 녹는점	
철	약 1,538℃
구리	약 1,083℃
금	약 1,064℃
은	약 961℃
알루미늄	약 660℃
납	약 327℃

정답 58 ②→③→①→④

하나였던 지구의 대륙이 점차 갈라져 지금의 모습이 되었다는 설이 **대륙 이동설**이에요. 대륙 이동설을 대표하는 세 가지 근거들을 읽고 생각해 보세요!

떨어져 있는 대륙의 해안선이 거의 들어맞아요.

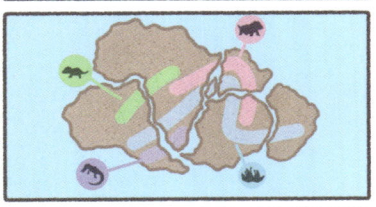
떨어져 있는 대륙에서 같은 종의 동물과 식물 화석이 발견돼요.

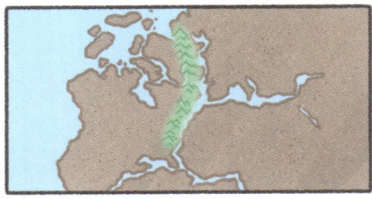
떨어져 있는 대륙의 지질 구조가 이어져요.

우리 몸은 이것이 70% 이상 이루고 있어요. 체온을 유지하는 데 아주 중요한 물질입니다. 무엇일까요?

 물　 노폐물　 소금

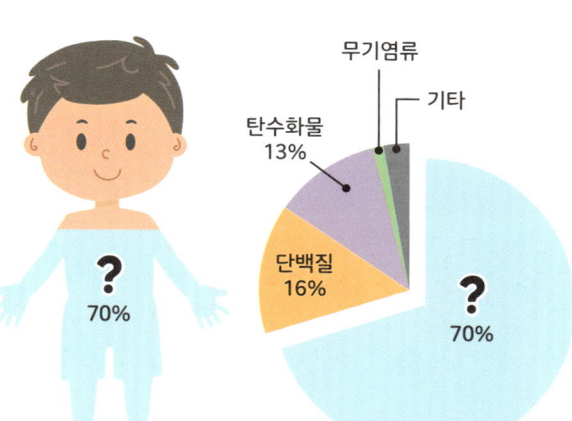

봉지 과자는 과자가 쉽게 부서지지 않고, 상하지 않도록 안에 기체를 넣습니다. 이 기체는 무엇일까요?

1. **이산화 탄소**
2. **질소**
3. **헬륨**

  물

물은 비열이 커서 온도 변화가 적은 편이에요. **비열**이란 어떤 물질 1g의 온도를 1℃ 올리는 데 필요한 열량입니다. 한여름 바다를 떠올려 보세요. 해변에 가면 모래는 뜨겁지만 바닷물은 상대적으로 따뜻합니다. 물의 비열이 큰 덕분이에요. 따라서 우리 몸의 70% 이상을 차지하는 물은 기온이 높거나 낮아도 적정 체온을 유지할 수 있도록 도와줍니다.

 **질소**

봉지 과자를 사면 생각보다 적은 과자 양에 실망할 때가 있어요. 봉지 과자에 질소 포장이 되어 있기 때문이에요. 질소가 필요한 첫 번째 이유는 과자가 부스러지지 않게 하기 위해서고, 두 번째 이유는 과자가 상하는 것을 막기 위해서예요. 과자는 기름, 설탕, 소금 등이 많이 들어 있어서 산소에 닿으면 상하기 쉽지요. 과자를 신선하게 오래 보관하기 위해 질소 포장을 한답니다.

우리 몸

이 질병은 빨간색과 초록색 두 가지 색을 잘 구별하지 못해요. 무슨 병일까요?

① 난시
② 색맹
③ 적록색약

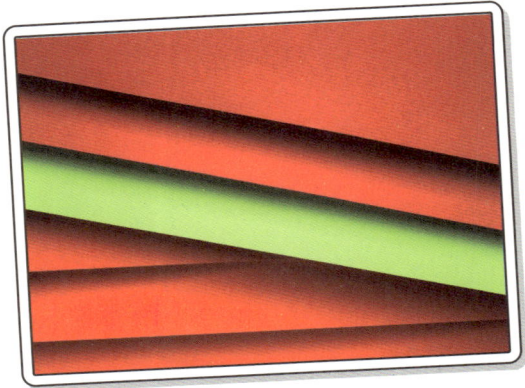

동물의 생태

날아다니는 박쥐는 조류에 속합니다.

 **적록색약**

적록색약은 빨간색과 초록색을 잘 구별하지 못하는 질병을 말해요. 난시는 물체를 명확하게 볼 수 없는 질병이고, 색맹은 모든 색깔을 구별할 수 없는 것을 의미합니다.

아래 그림은 적록색약이 있는지 확인해 보는 그림이에요. 어떤 숫자가 적혀 있는지 잘 보이나요?

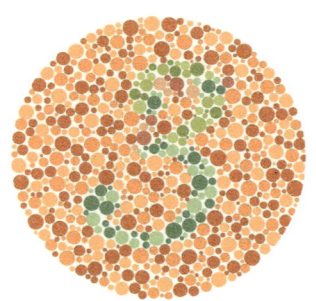 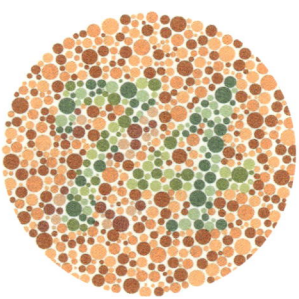

 ✗

박쥐는 유일하게 비행할 수 있는 포유류예요. 쥐도 아니고 새도 아니지요. 박쥐의 종류는 포유류 종의 20%를 차지할 정도로 다양합니다. 지구에서 절대로 사라져서는 안 될 생물로 영장류, 벌, 균류, 플랑크톤과 함께 박쥐가 꼽히기도 했어요. 박쥐가 곤충의 유충이나 동물을 잡아먹으며 개체 수를 조절하는 데 영향을 주기 때문입니다. 또 박쥐는 꽃의 **수분**을 돕고 과일의 씨앗을 퍼뜨려 생태계를 유지하는 데에 큰 도움이 됩니다.

러시아 화학자 드미트리 멘델레예프는 원소들을 일정한 규칙에 따라 나열해 주기율표를 만들고, 원소의 성질까지 예측했어요. 아래 원소와 원소 기호를 알맞게 연결해 보세요.

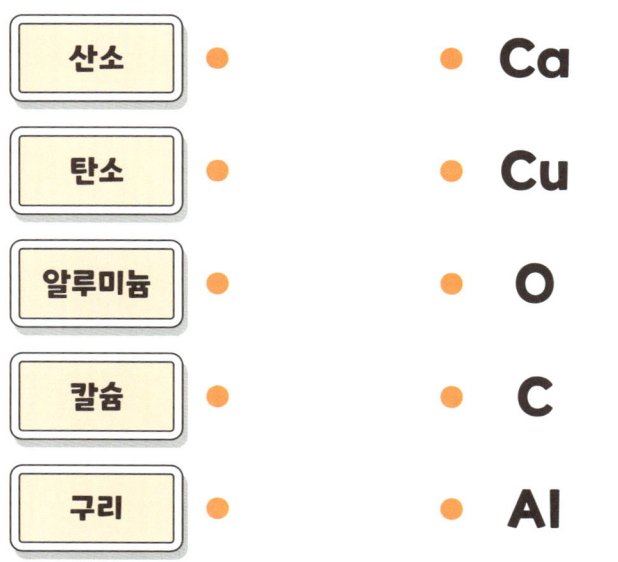

식물의 발견

선인장은 왜 가시가 나 있을까요?

① 물이 증발하는 것을 막기 위해
② 사막의 바람을 견디기 위해
③ 멋진 모습을 뽐내기 위해

정답 63

주기율표는 화학에서 가장 기초가 되는 중요한 표입니다. 원자에 번호를 붙이고 원자량, 원소의 화학적 특성에 따라 원소들을 분류했습니다.

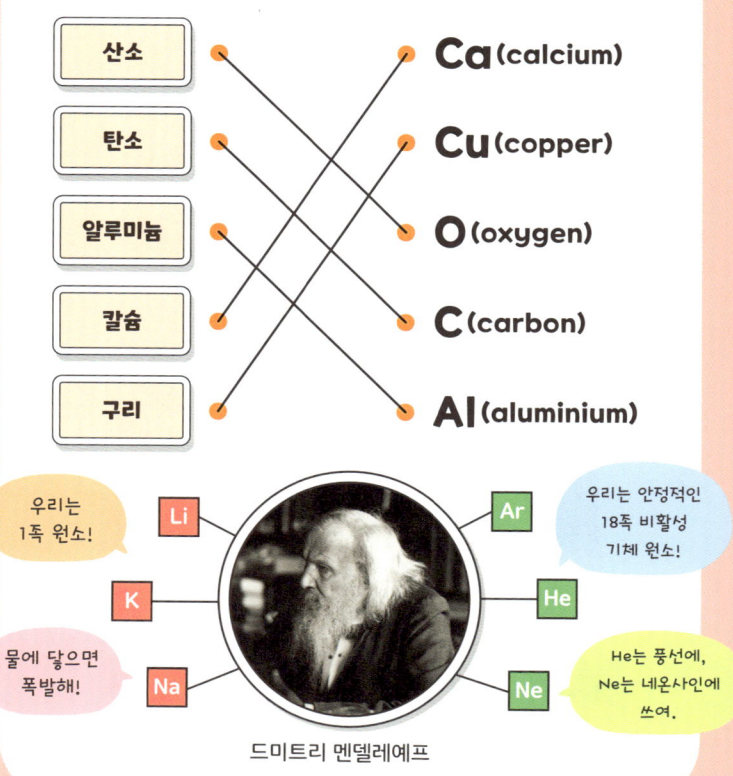

- 산소 — O (oxygen)
- 탄소 — C (carbon)
- 알루미늄 — Al (aluminium)
- 칼슘 — Ca (calcium)
- 구리 — Cu (copper)

우리는 1족 원소! (Li, K, Na) 물에 닿으면 폭발해!

우리는 안정적인 18족 비활성 기체 원소! (Ar, He, Ne) He는 풍선에, Ne는 네온사인에 쓰여.

드미트리 멘델레예프

정답 64

① 물이 증발하는 것을 막기 위해

선인장이 주로 자라는 곳은 사막입니다. 사막은 햇볕이 뜨겁고 물이 거의 없습니다. 따라서 선인장은 척박한 환경에서 살아남기 위해 물이 증발하는 잎 대신에 가시를 가지게 되었습니다. 뾰족한 가시는 동물로부터 몸을 보호하는 역할도 합니다. 이처럼 사막에 사는 생물들은 살아남기 위해 다양한 방향으로 진화했어요. 또 어떤 생물들이 있는지 찾아보세요!

미어캣 — 교대로 보초 서기!

뿔도마뱀 — 눈에서 피를 뿜어 공격!

우리 몸

우리는 혀로 음식의 맛을 느낍니다. 혀는 음식 속 화학 분자의 정보를 뇌에 전달해 맛을 느끼게 하지요. 이때 혀가 느끼는 맛의 종류는 정해져 있습니다. 단맛, 짠맛, 신맛, 쓴맛, □□□, □□□이 있습니다. 빈칸에 들어갈 맛 두 가지는 무엇일까요?

① 감칠맛
② 매운맛
③ 지방맛

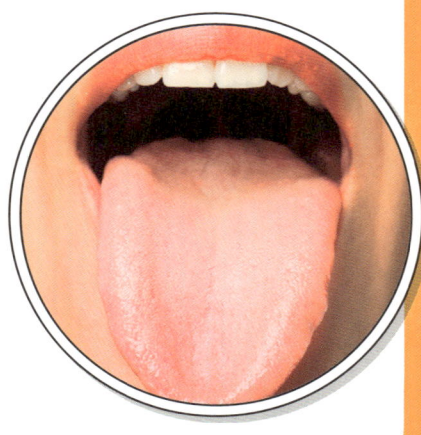

햇빛, 물, 바람 등을 이용해서 만드는 에너지를 무엇이라고 할까요?

① **신재생 에너지**
② **열에너지**
③ **위치 에너지**

 **감칠맛,** **지방맛**

감칠맛은 다시마의 글루탐산 나트륨이 내는 맛이에요. 입맛이 생기게 하는 특이한 맛이지요. 지방맛은 느끼하고 고소한 맛을 말합니다. 제6의 맛으로 인정받기 시작했어요. 놀랍게도 매운맛과 떫은맛은 다른 맛들과 달리 음식 속 화학 분자와 혀가 반응하는 것이 아닌 혀의 겉면에서 느끼는 감각입니다. 매운맛은 통각(통증을 느끼는 감각), 떫은맛은 압각(눌렀을 때 느끼는 감각)에 속합니다.

다시마

신재생 에너지

신재생 에너지의 종류로는 태양 에너지, 풍력 에너지, 해양 에너지 등이 있어요. 신재생 에너지는 자원이 고갈될 걱정이 없고, 지구 온난화의 주범인 화석 연료를 대신할 수 있어 미래 에너지로 적합해요.

태양 에너지

태양의 열과 빛을
전기 에너지로 바꿉니다.

수력 에너지

댐에 가둔 물을
한 번에 낙하시켜 그 에너지로
전기를 만듭니다.

풍력 에너지

큰 바람개비 시설을 만들어
바람으로 전기를 만듭니다.

해양 에너지

파도 또는 조수 간만의 차를
이용해 전기를 만듭니다.

동물의 생태

어두운 밤 고양이의 눈은 빛이 나요. 왜 그럴까요?

① 빛을 반사해서
② 빛을 낼 수 있어서
③ 형광 물질이 들어 있어서

더운 여름 유리컵에 얼음물을 따라 보세요.
잠시 후 컵에 어떤 일이 생길까요?

① 컵이 깨져요.
② 아무 일도 안 일어나요.
③ 컵 표면에 물방울들이 맺혀요.

① **빛을 반사해서**

어두운 곳에서 고양이를 보면 눈에서 빛이 나오는 듯해요. 실제로 눈에서 빛을 반사하기 때문입니다. 고양이 눈 속 망막 뒤에 '휘판'이라는 반사판이 있어요. 이 반사판으로 작은 불빛도 반사해 주변을 환하게 보는 원리랍니다. 또한 눈에 빛을 많이 담기 위해 타원형 동공을 양옆으로 크게 벌립니다.

여우나 도마뱀도 동공이 타원형이에요. 타원형 동공은 어두운 곳에서 빛을 잘 보는 간상세포가 많아요. 반면 사자, 호랑이 등 몸집이 큰 동물이나 사람은 동공이 둥글어요. 원형 동공은 색을 느끼는 원추세포가 많다고 합니다.

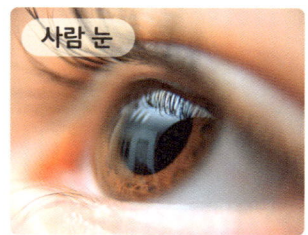

③ 컵 표면에 물방울들이 맺혀요.

우리가 숨 쉬는 공기 속에는 수증기가 있어요. 물이 기체 상태일 때 수증기라고 합니다. 물은 끓는점이 100℃로, 100℃에서 액체였던 물이 수증기가 됩니다. 액체가 기체로 변하는 현상을 **기화**라고 합니다.

공기 속 수증기가 차가운 얼음 컵과 만나면 온도가 내려갑니다. 온도가 내려가면서 다시 액체가 되어, 즉 **액화**가 되어 컵 표면에 물방울로 맺힙니다. 이때 컵 표면에 물방울이 맺히는 현상을 '결로 현상'이라고 합니다.

식물의 발견

이 물질은 나무가 자신을 괴롭히는 세균, 곰팡이, 해로운 곤충을 쫓아내기 위해 만드는 화합물이에요. 사람들은 이 향을 맡으러 산림욕을 하러 가곤 합니다. 이 물질은 무엇일까요?

① **피톤치드**
② **음이온**
③ **게르마늄**

지구와 우주

우리가 생활에서 많이 쓰는 이것은 바다 오염의 주범이에요. 바다에 버려진 이것이 분해되면서 작아져 해양 생물에게 먹히고, 다시 우리 밥상에 오르고 있답니다. 이것은 무엇일까요?

_____

 **피톤치드**

식물은 동물과 달리 자신을 해치는 것으로부터 도망갈 수 없어요. 대신 여러 방어 물질을 만들어 냅니다. 피톤치드는 항균과 살균 성질이 있어요. 새집 증후군을 예방하고 집 먼지나 진드기, 악취를 없애는 데에 사용됩니다.

플라스틱

플라스틱이 아주 작은 크기로 분해된 미세 플라스틱은 해양에서 살고 있는 여러 생물뿐만 아니라 그 생물을 먹는 사람에게까지 전해집니다. 장이나 간뿐만 아니라 혈관 속에도 쌓일 수 있지요. 일상생활에서 빨대나 비닐봉지 등 플라스틱 사용을 줄여야 하는 것은 분명한 사실입니다. 분리배출도 잘 해야겠지요. 바다에 가서 쓰레기를 줍는 플로깅에 도전해 보세요. 미세 플라스틱을 줄이기 위해 우리는 또 어떤 일을 할 수 있을까요? 더 찾아보세요!

신기한 물질

18세기에 벽지, 옷, 장난감 등이 사람들을 병들게 하는 무서운 일이 있었어요. 초록색 물감 속에 들어 있던 물질 때문이었는데요. 이 물질은 무엇일까요?

① 칼륨
② 알루미늄
③ 비소

〈수놓는 여인〉,
게오르크 프리드리히 케르스팅(1817)

놀라운 현상

물에 설탕을 가장 빨리 녹이는 방법은 무엇일까요?

① 따뜻한 물에 설탕을 녹여요.
② 찬물에 설탕을 녹여요.
③ 물에 설탕을 넣고 얼려요.

  **비소**

초록색 물감의 이름은 '셸레 그린'이에요. 스웨덴의 화학자 칼 빌헬름 셸레가 비소 실험을 하다가 발견해서 셸레 그린이라고 합니다. 지금은 물감을 화학 물질로 만들지만 예전에는 자연에서 얻은 색으로만 그림을 그렸답니다. 그때 비소는 식물에서 얻은 초록색보다 훨씬 예쁜 색을 낼 수 있었다고 해요. 색깔 덕분에 인기가 아주 많았지요.

그런데 어느 날부터 물감을 만드는 공장 직원과 물감을 활용한 물건을 쓰던 사람들이 심한 두통을 느끼기 시작했어요. 심지어 죽은 사람도 있었어요. 범인은 셸레 그린 속 비소였어요. 사람들은 비소에 계속 중독되며 아팠던 것이지요. 비소는 원래 공기나 땅에 낮은 농도로 존재하지만 물감에 쓰인 비소는 높은 농도였기 때문에 인체에 치명적인 영향을 준 것입니다. 이후 비소는 물감이 아닌 농약과 살충제에 쓰이고 있습니다.

① 따뜻한 물에 설탕을 녹여요.

설탕은 물을 만나면 작은 분자로 쪼개져 물에 녹아요. 물의 양이 많을수록, 물 온도가 높을수록 더 빨리 녹습니다. 물에 물질이 녹는 현상을 **용해**라고 합니다. 물을 막대로 젓거나 흔들면 물이 물질에 많이 닿아서 빠르게 용해됩니다. 또 물 온도가 높으면 물속 분자들의 운동이 활발해져 빠르게 용해됩니다.

선수용 수영복은 물속에서 빠르게 헤엄칠 수 있게 돕습니다. 바다에 사는 동물의 비늘과 비슷하게 만든 거예요. 이 동물은 무엇일까요?

① **바다뱀** ② **상어**

③ **돌고래**

놀라운 현상

크기가 제각각인 구슬 여러 개를 한 통에 넣고 흔들었어요. 구슬들은 어떻게 되었을까요?

① 아래에는 작은 구슬들이, 위에는 큰 구슬들이 모여 있어요.

② 아래에는 큰 구슬들이, 위에는 작은 구슬들이 모여 있어요.

③ 작은 구슬, 큰 구슬들이 잘 섞여 있어요.

 **상어**

물속에서 움직이려면 힘이 더 많이 들어가요. 액체인 물이 기체인 공기보다 저항력이 더 세기 때문이에요. 저항력이 큰 물속에서 상어는 어떻게 빠르게 헤엄치는 걸까요? 비밀은 상어의 비늘에 있습니다.

상어 비늘을 자세히 보면 조각마다 가운데가 위로 솟아 있어요. 솟은 돌기가 다가오는 물줄기의 흐름을 방해하지요. 비늘 덕분에 상어는 물속에서 1시간에 40km를 갈 정도로 빠르게 헤엄칠 수 있어요.

상어 비늘을 확대한 모습

 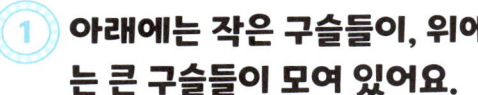

① 아래에는 작은 구슬들이, 위에는 큰 구슬들이 모여 있어요.

크기가 다른 구슬들을 섞으면 큰 구슬들이 무거우니까 아래로 갈 것 같지요? 하지만 섞이다 보면 크기가 큰 구슬 사이를 작은 구슬들이 지나갈 수 있기 때문에 작은 구슬이 맨 아래로 가고, 그 위에 중간 구슬이, 제일 위에 큰 구슬이 쌓이게 됩니다. 이 현상을 '브라질 너트 효과'라고 합니다. 여러 견과류가 섞인 통을 열면 항상 크기가 큰 브라질 너트가 맨 위에 있는 현상에서 가져온 이름입니다. 영국의 물리학자 마이클 패러데이가 발견했답니다.

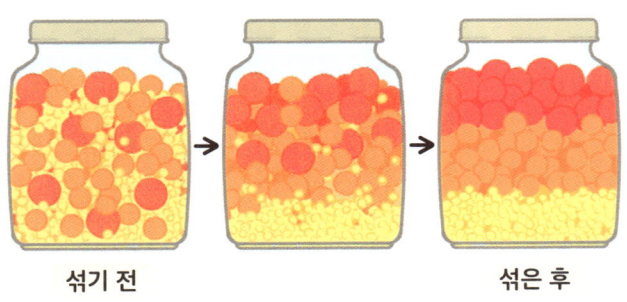

섞기 전 → → 섞은 후

식물의 발견

수국은 자라는 토양의 성질에 따라서 색이 달라져요. 아래 사진 속 수국은 어떤 토양에서 자란 것일까요?

① **염기성**
② **산성**
③ **중성**

우리 몸

아래 설명을 보고 어떤 질병인지 맞혀 보세요. 무엇일까요?

- 일본에서 발생한 공해병으로, 한국어로 '아파 아파병'이라는 뜻이에요.
- 뼈가 쉽게 부러지는 병이에요.

① **쯔쯔가무시병**
② **이타이이타이병**
③ **뎅기열 바이러스**

② 산성

수국은 토양이 **산성**인지 **염기성**인지에 따라 색깔이 달라져요. 토양이 산성이면 푸른색, 염기성이면 붉은색을 띱니다. 반대로 리트머스 시험지에서는 용액이 산성이면 붉은색, 염기성이면 푸른색을 띱니다.

리트머스 시험지

 ## 이타이이타이병

이타이이타이병은 일본에서 처음 발생한 병이에요. 광산에서 폐수를 강에 버려, 강 근처에 사는 사람들이 병에 걸리기 시작했어요. 폐수에 들어 있던 카드뮴이 몸속에 쌓여 뼈가 약해지는 병이에요. 재채기만 해도 뼈가 부러질 정도라고 합니다. 이처럼 산업이나 교통 발달에 따라 수질이나 대기가 오염되어 걸리는 병을 '공해병'이라고 해요.

쯔쯔가무시병은 감염된 좀진드기에 물려 열이 나고 종기가 생기는 병이에요. 뎅기열 바이러스는 모기에 물려 열이 나거나 두통, 관절통 등이 나타나는 병이에요.

이 물리학자는 우주가 한 점에서 시작되어 계속 팽창하고 있다는 빅뱅 이론을 입증했어요. 그는 루게릭병을 진단받았지만 연구를 꾸준히 해냈어요. 누구일까요?

① **아이작 뉴턴**
② **스티븐 호킹**
③ **리처드 파인먼**

내 이름을 맞혀 봐!

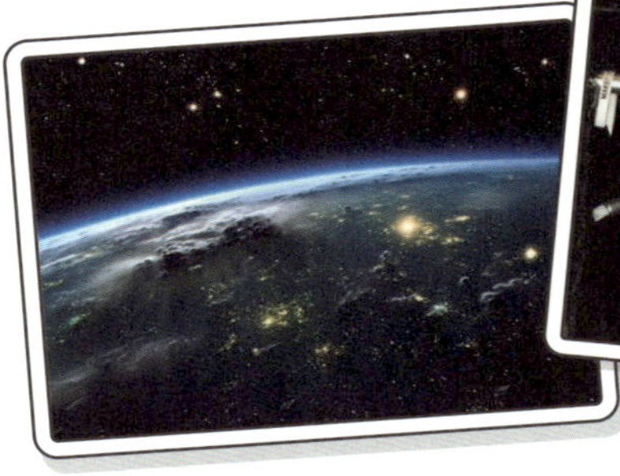

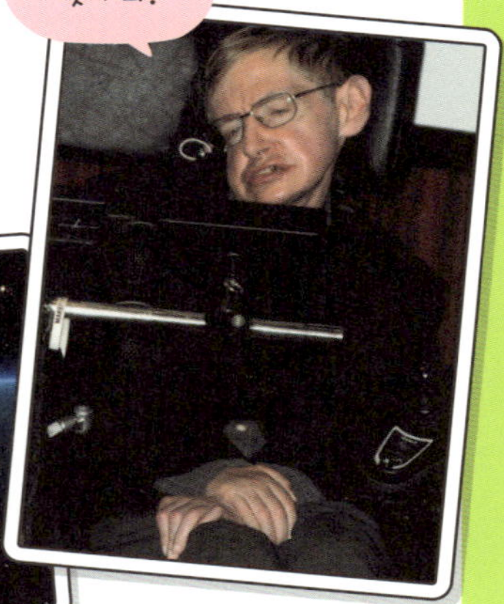

동물의 생태

다음 중 강아지가 먹으면 안 되는 음식은 무엇일까요?

① 바나나

② 당근

③ 초콜릿

스티븐 호킹

스티븐 호킹은 우주 물리학자로, 아인슈타인 다음으로 현대 물리학에 가장 큰 업적을 이룬 학자로 알려져 있습니다. 스티븐 호킹은 우주가 한 점에서 시작되어 점차 팽창하고 있다는 빅뱅 이론의 근거를 입증했어요. 또한 **블랙홀**이 모든 것을 빨아들이기만 하는 것이 아니라 에너지를 방출한다는 사실을 밝혀냈어요.

아이작 뉴턴은 17~18세기 영국의 물리학자로 만유인력을 발견했어요. 리처드 파인먼은 미국의 물리학자로 1965년 노벨 물리학상을 받았어요.

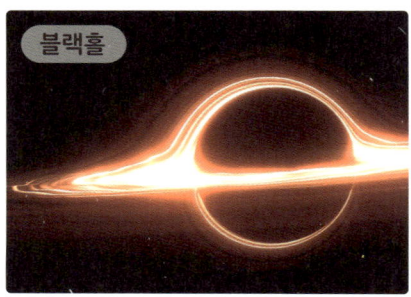
블랙홀

 **초콜릿**

초콜릿에는 강아지가 민감하게 반응하는 **카페인**이 들어 있습니다. 강아지 몸에 카페인이 들어가면 구토, 설사, 불규칙한 심장 박동을 일으키고 잘못하면 죽을 수도 있어요. 밀가루 음식, 오징어도 소화 불량을 일으킬 수 있어요. 강아지가 먹어도 되는 음식과 안 되는 음식을 살펴보세요!

우리 몸에 가장 개수가 많은 원소는 무엇일까요?

① 수소　② 탄소　③ 산소

우리 몸의 70%를 차지하는 게 뭐라고 했더라?

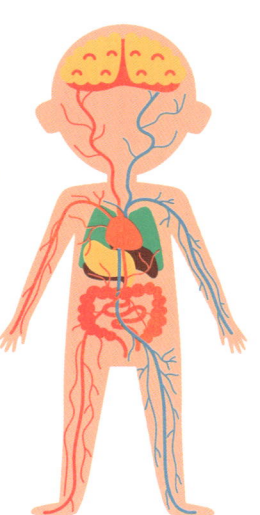

아래 사진은 물체의 온도를 볼 수 있는 열화상 카메라로 찍은 사진입니다. 어느 부분이 가장 온도가 높은 것일까요?

① **초록색 부분**
② **파란색 부분**
③ **빨간색 부분**

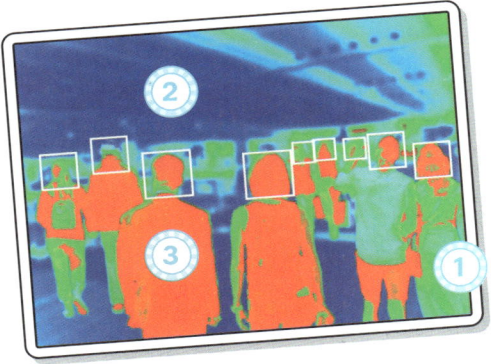

 수소

우리 몸에 가장 개수가 많은 원소는 바로 수소입니다. 우리 몸의 70%를 차지하는 물 때문이에요. 물 분자는 수소 두 개, 산소 한 개로 이루어져 있어요. 따라서 수소가 가장 많지요. 우리 몸이 꼭 필요한 3대 영양소인 단백질, 탄수화물, 지방에도 수소와 산소가 들어 있답니다.

탄수화물과 지방은 구성 요소가 탄소, 수소, 산소로 같지만 분자 구조가 다릅니다. 단백질은 탄소, 수소, 산소, 질소로 이루어져 있어요. **탄수화물**은 주로 에너지원으로 사용됩니다. **단백질**은 몸의 여러 조직을 구성하고, **지방**은 체온 조절 등을 맡고 있습니다.

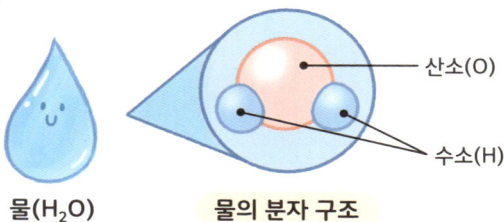

물(H_2O) 　　물의 분자 구조

 **빨간색 부분**

열화상 카메라는 물체가 내보내는 열을 **적외선** 센서로 감지해서, 온도를 화면에 나타내는 도구입니다. 온도가 높으면 빨간색으로 나타납니다. 온도가 낮을수록 파란색을 띱니다. 이 카메라는 오로지 온도로만 대상을 보기 때문에 산이나 강, 바다 등 재난 현장에서 구조 대상을 빠르게 찾아낼 수 있다고 합니다.

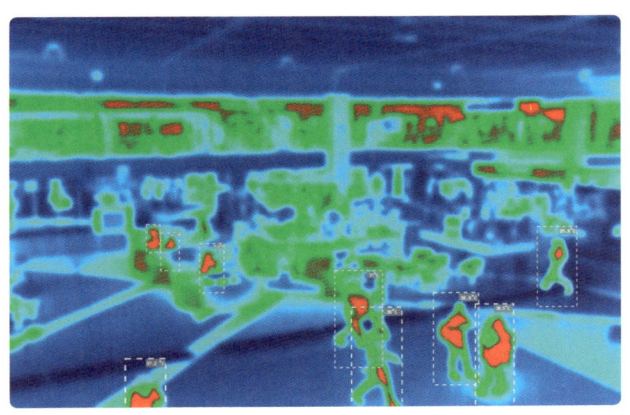

우리 몸

감기에 걸려서 병원에 가면 이 약을 처방해 줍니다. 이 약은 면역력이 떨어진 우리 몸이 세균에 감염되는 것을 막지요. 무엇일까요?

ㅎ ㅅ ㅈ

신기한 물질

프랑스의 화학자 앙투안 라부아지에는 처음으로 산소를 '산소'라고 명명하고, □□ 현상을 밝혀냈어요. □□ 현상이란 어떤 물질이 산소와 만나 열과 빛을 내는 현상입니다. 이 현상은 무엇일까요?

 발열　 연소　 음성

앙투안 라부아지에

정답 81 항생제

항생이란 한 미생물이 다른 미생물이 자라는 것을 막는 현상을 말합니다. 항생 물질로 만든 **항생제**는 우리 몸에 해로운 세균을 죽여 병을 낫게 하지요. 하지만 우리 몸에 이로운 균에도 작용해, 장에서 소화를 돕는 여러 균들을 죽여서 배탈을 일으키기도 합니다. 또 감기약 등 항생제를 처방대로 먹지 않으면 항생제에 내성을 가지는 균이 생기기 때문에 꼭 처방 받은 대로 먹어야 해요. **내성**이란 약을 반복해서 먹으면 세균이 항생제와 만나도 죽지 않고 버티는 힘이 세져 약의 효과가 떨어지는 현상입니다.

 연소

연소란 물질이 산소와 결합해서 많은 빛과 열을 내는 현상을 말합니다. 불이나 연료 등이 연소된다고 표현합니다.

18세기 프랑스의 화학자 앙투안 라부아지에는 근대 화학의 아버지라고 불립니다. 물에서 수소와 산소를 분리해서 처음으로 '산소'라는 이름을 붙였어요. 산소를 최초로 발견한 과학자는 스웨덴의 화학자 칼 빌헬름 셸레이지만요.

라부아지에의 가장 큰 업적은 **질량 보존의 법칙**을 밝혀낸 것이에요. 화학 반응이 일어나기 전과 후에 물질의 모든 질량은 항상 일정하다는 법칙이랍니다.

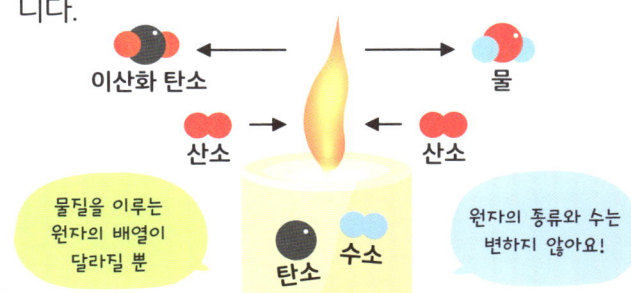

아래 물건들을 용수철에 매달았을 때, 어떤 용수철이 가장 길어질까요?

① **탁구공**　② **축구공**　③ **볼링공**

식물의 발견

이 버섯은 갓이 생기기 전에는 먹을 수 있지만 다 자라면 독이 생겨서 먹으면 안 된대요. 갓에서 검은 물이 뚝뚝 떨어지는 이 버섯의 이름은 무엇일까요?

① 먹물버섯
② 팽이버섯
③ 송로버섯

③ 볼링공

용수철은 **탄성력**이라는 힘을 가진 쇠줄입니다. 탄성력이란 물체가 모양이 변했을 때 원래대로 돌아오려는 힘이에요. 따라서 용수철에 걸린 물체의 무게가 무거울수록 당기는 힘도 커져 길게 늘어납니다. 탁구공의 무게는 약 2.7g, 축구공의 무게는 약 440g, 볼링공의 무게는 약 3kg으로 볼링공이 가장 당기는 힘이 큽니다.

　용수철은 다시 원래 길이로 돌아가려는 힘도 큽니다. 손으로 용수철을 길게 늘였다가 놓을 때 다치지 않도록 조심하세요!

① 먹물버섯

먹물버섯은 종 모양의 버섯으로, 처음에는 흰색이었다가 갓이 자라면서 점차 검어지고 마지막에는 녹아내려요. 옛날에 유럽에서는 먹물버섯의 먹물을 잉크 대신 사용했다고 합니다.

신기한 물질

밤하늘에서 펑펑 터지는 불꽃놀이는 알록달록 여러 색깔을 내요. 금속의 이 반응 때문에 색깔을 낼 수 있어요. 무엇일까요?

① 불꽃 반응
② 무지개 반응
③ 별빛 반사

놀라운 현상

방사능을 연구하며 방사성 원소인 폴로늄과 라듐을 발견해 노벨상을 받은 과학자는 누구일까요?

① **로버트 오펜하이머**

② **마리 퀴리**

③ **칼 세이건**

 **불꽃 반응**

금속들은 각각 고유의 원소를 가지고 있어요. 금속이 불꽃과 만나면 원소의 종류에 따라 다른 색깔의 빛을 내요. 나트륨(소듐)은 노란색, 리튬은 빨간색, 칼륨(포타슘)은 보라색, 구리는 청록색, 바륨은 황록색, 칼슘은 주황색 불꽃을 냅니다.

② 마리 퀴리

마리 퀴리는 최초의 여성 노벨상 수상자예요. 심지어 물리학상과 화학상을 받은 유일한 사람이지요. 최초로 **방사능 물질**을 발견해 여러 질병을 치료하는 데 큰 도움을 주었어요. 정작 마리 퀴리는 연구를 하면서 방사선에 심하게 노출되었어요. 방사선의 위험성이 알려지기 전이었거든요. 그녀는 점차 건강이 악화되었고 결국 백혈병에 걸려 67세에 눈을 감았습니다.

로버트 오펜하이머는 미국의 물리학자로 양자역학, 핵물리학 등에 여러 업적을 남겼어요. 원자 폭탄을 만드는 프로젝트를 지휘했지요.

칼 세이건은 외계 생물학을 연구했던 천문학자예요. 우주에 대한 과학과 철학을 담은 《코스모스》라는 과학 책을 썼어요.

우리 몸

이것은 손가락 끝을 보호하고 있어요. 케라틴으로 이루어져 단단하지요. 무엇일까요?

 손톱   치아   혈관

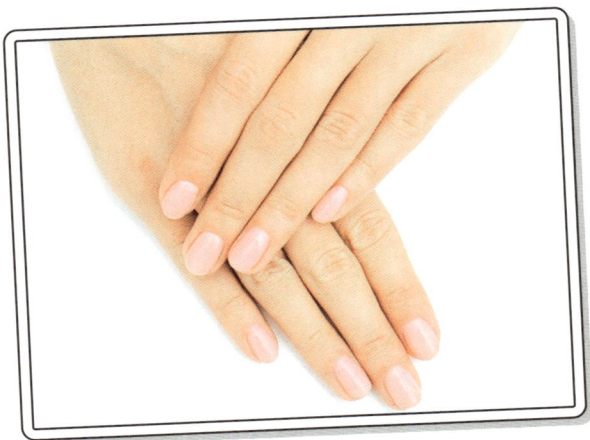

지구와 우주

그리스 로마 신화에서 영웅 헤라클레스를 방해하려던 '카르키노스'는 결국 밟혀 죽었어요. 이를 불쌍하게 생각한 여신 헤라가 카르키노스를 별자리로 만들어 주었지요. 무슨 별자리일까요?

① **전갈자리**
② **게자리**
③ **염소자리**

헤라클레스의 왼쪽 발을 보세요!

  손톱

손톱 끝부분은 부드러운 피부로만 이루어져 있어요. 손톱이 없었다면 물건을 잡기 어려웠을 거예요. 손톱과 발톱은 피부 일부가 단단해진 거예요. 주요 성분이 케라틴이지요. **케라틴**은 단백질의 일종으로 우리 몸에서 만들어집니다. 머리카락이나 피부에도 케라틴이 들어 있어요.

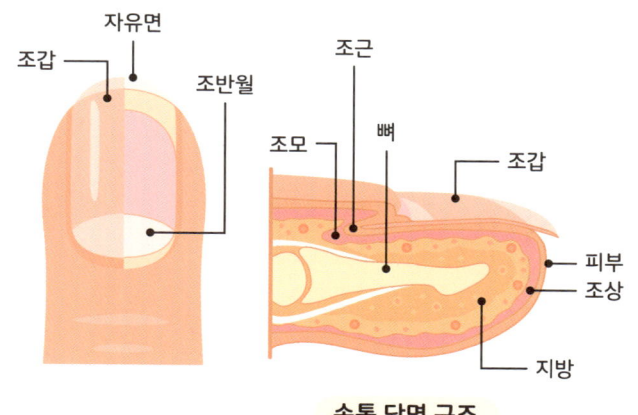

손톱 단면 구조

헤라클레스에게 밟혀 죽은 카르키노스는 바로 게 예요. 헤라가 별자리로 만들었지요.

별자리는 사람들이 밤하늘의 별의 모양에 따라 붙인 이름이에요. 그중 몇 가지는 게자리처럼 신화에 등장하기도 합니다. 태양의 궤도를 12 부분으로 나눠 별자리도 12개랍니다.

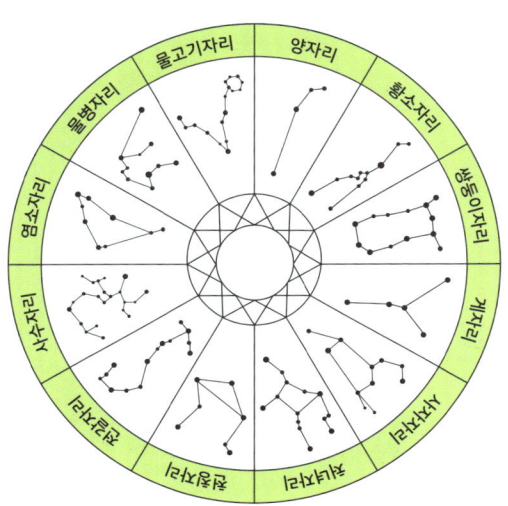

놀라운 현상

하늘에서 번개가 치면 천둥소리가 들려요. 번개와 천둥 중 먼저 치는 것은 어느 것일까요?

① 번개
② 천둥

동물의 생태

종류가 다른 생물이 서로 이익을 주고받는 관계를 공생 관계라고 합니다. 공생 관계에 있는 생물들을 알맞게 이어 보세요.

흰동가리

동박새

개미

진딧물

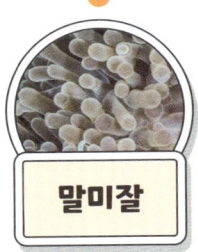
말미잘

동백나무

  **번개**

먼저 번개와 천둥이 어떤 것인지 알아봐요. 구름과 구름이 만나면 정전기가 일어나요. 이때 엄청난 에너지끼리 부딪혀 불꽃이 번쩍입니다. 이 현상을 번개라고 합니다. 천둥은 번개가 칠 때 온도가 급격하게 오르면서 공기도 아주 빠르게 팽창해요. 이때 공기가 팽창하면서 울리는 소리가 천둥입니다.

하늘에서 번개가 먼저 번쩍인 다음에 천둥이 큰 소리로 울려 퍼져요. 빛이 소리보다 빠르게 움직이기 때문입니다. 빛은 1초에 약 30만 km를 갑니다. 반면에 소리는 1초에 약 340m를 가지요. 예를 들어 번개가 치고 3초 뒤에 천둥소리가 들린다면 현재 위치에서 천둥이 친 곳까지의 거리는 약 3초×340m인 약 1,020m 떨어져 있다고 할 수 있습니다.

정답 90

**흰동가리 - 말미잘
동박새 - 동백나무
개미 - 진딧물**

말미잘은 흰동가리에게 안전한 집이 되어 주고, 흰동가리를 쫓아온 물고기는 말미잘의 먹이가 됩니다. 동박새는 동백나무의 수분을 도와주고, 동백나무는 동박새에게 꽃과 열매를 주지요. 개미는 진딧물을 천적으로부터 지켜 주고, 진딧물은 개미에게 수액을 줍니다. 공생 관계에는 한쪽만 이익을 얻는 편리 공생도 있답니다.

흰동가리와 말미잘
동박새와 동백나무
개미와 진딧물

신기한 물질

옛날에 금은 아주 귀했어요. 사람들은 다양한 금속을 합성하면 금을 만들어 낼 수 있다고 생각했지요. 금을 만드는 방법이나 기술을 무엇이라고 불렀을까요?

_____

이 식물은 속이 텅 비어 있어서 옛날부터 그릇이나 컵을 만드는 데 많이 쓰였어요. 무슨 식물일까요?

① 밤나무

② 소나무

③ 대나무

연금술

연금술은 고대 이집트에서 시작되었어요. 파라오 시체가 썩지 않도록 연구했던 것이 시작이었지요. 근대 과학이 나오기 전까지 많은 사람이 연구했던 학문이었어요. 화학, 금속학, 물리학, 약학 등 종합적으로 관련이 있는 학문이랍니다. 병을 치유하는 등 신기한 기술로 여겨졌어요. 연금술의 목표는 흔한 금속인 철이나 구리를 금으로 바꾸는 것이었으나 성공한 적이 없다고 알려져 있어요.

  대나무

대나무는 이름 때문에 나무라고 생각할 수 있지만 나무가 아닙니다. 여러 해를 사는 풀이지요. 대나무에는 나무의 특징인 나이테가 없어요. **나이테**는 나무 줄기를 가로로 자르면 나타나는 둥근 테로, 1년에 하나씩 생기므로 나무의 나이를 알 수 있어요. 반면에 대나무는 처음 1년 동안만 두께가 두꺼워지기 때문에 나무로는 볼 수 없다고 합니다.

우리 몸

아이는 엄마 뱃속에 있을 때 이것을 통해 양분을 얻어요. 무엇일까요?

 태반　 **탯줄**　 **태아**

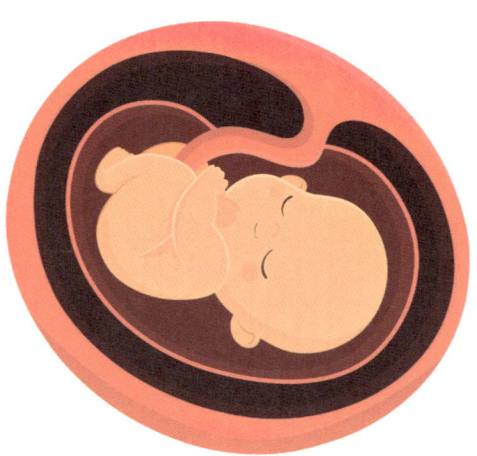

문제 94

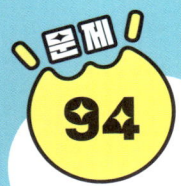

놀라운 현상

한여름에 에어컨을 켜면 어느 곳이 가장 시원할까요?

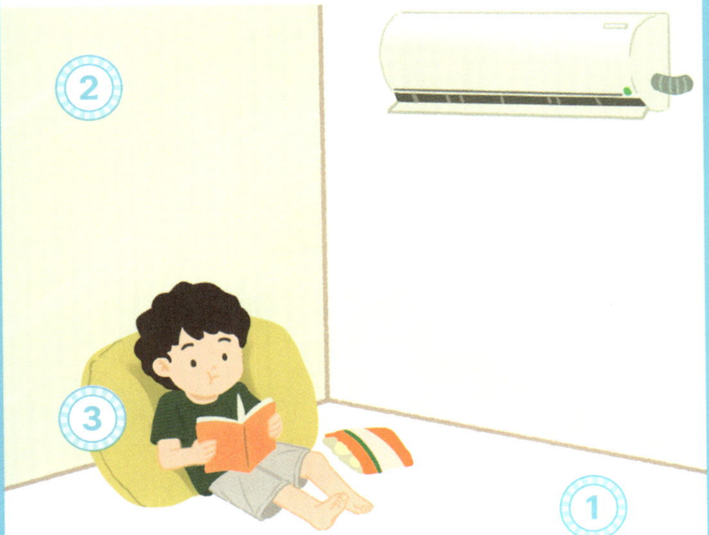

② 탯줄

배꼽이 왜 있는지 궁금한 적 있지 않나요? 배꼽은 탯줄이 잘린 흔적이에요. 엄마 뱃속에 있을 때 태아는 탯줄을 통해 영양분과 산소를 공급받는답니다. 양수 속에서 숨을 쉬고 밥도 먹는 것이지요.

태반은 탯줄과 엄마의 몸을 연결하는 부위예요. 태아의 노폐물도 태반으로 보내집니다.

태아는 뱃속에 있는 아이를 말해요. 엄마 뱃속에서 정자와 난자가 만나 수정되면 배아라고 하고, 약 7주가 넘어가면 태아라고 합니다.

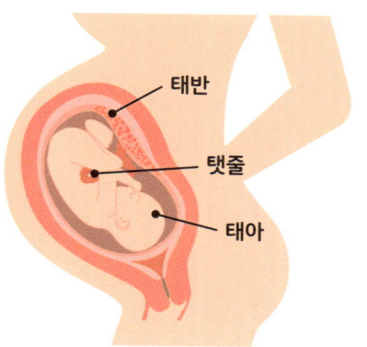

아이가 태어나는 과정
1. 난자와 정자가 만나 수정해요.
2. 세포 분열을 해요.
3. 임신(착상)!
4. 태반이 형성돼요.
5. 8주 후 태아가 돼요.
6. 38주 후 태어나요.

공기는 온도가 높아지면 공기 속 분자의 움직임이 빨라져서 밀도가 낮아집니다. 반대로 차가운 공기는 밀도가 높아서 아래를 향하게 됩니다. 따라서 에어컨 바람이 나오는 방향을 위쪽으로 해 두어야 공기가 순환되어 방이 빠르게 시원해집니다.

더운 공기

차가운 공기

동물의 생태

기린은 목 길이가 2m 정도라고 해요. 기린의 목뼈는 몇 개일까요?

 3개　 **7개**　 **14개**

사람 목뼈는 7개야!

놀라운 현상

롤러코스터를 좋아하나요? 롤러코스터를 탈 때는 다양한 에너지가 전환합니다. 롤러코스터와 관련된 에너지는 무엇일까요?

① **열에너지**
② **위치 에너지**
③ **소리 에너지**

정답 95 ② 7개

기린은 목이 길어서 뼈도 많을 것 같지만 다른 포유류처럼 목뼈가 7개예요. 대신 뼈 하나의 길이가 25cm 정도로 길지요. 기린은 긴 목으로 높은 나뭇가지의 잎을 먹지만 수컷끼리 싸울 때도 목을 활용해요.

얼룩덜룩한 기린의 혀

기린의 혀를 보면 색이 얼룩덜룩해요. 앞쪽은 까맣고 뒤쪽은 분홍색이에요. 왜 그럴까요? 기린이 나뭇잎을 먹을 때 혀가 햇볕에 타지 않도록 검은색이 되었다는 연구 결과가 있어요! 기린은 알수록 신기한 동물이지요?

② 위치 에너지

롤러코스터는 높은 곳에서 아래로 내려오는 동안 높이(위치 에너지)가 낮아지고 속력(운동 에너지)은 점점 빨라집니다. 이때 **위치 에너지**가 **운동 에너지**로 전환돼요. 반대로 롤러코스터가 올라가는 동안에는 속력이 느려지고 높이는 높아지기 때문에 운동 에너지가 위치 에너지로 다시 전환됩니다.

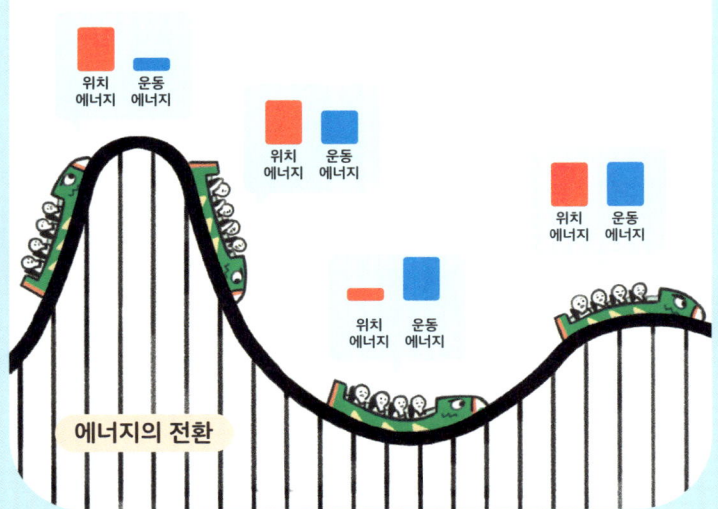

에너지의 전환

아래 과일 중 오이랑 가장 가까운 과일은 무엇일까요?

① 사과

② 배

③ 참외

향초는 냄새를 없애 주고, 좋은 향기가 나는 초예요. 향초를 끌 때 어떻게 끄는 것이 우리 몸에 더 안전할까요?

① 입으로 후 불어서 불을 꺼요.
② 뚜껑을 덮어서 불을 꺼요.

 **참외**

오이는 보기의 과일 중에 참외와 가장 가깝습니다. 오이와 참외 모두 박과에 속하기 때문입니다. 사과나무와 배나무는 장미과에 속하는 나무입니다.

단면이 참외와 비슷해요!

오이 단면

🧪 생물 분류법이란?

모든 식물과 동물은 각자의 특징에 따라 분류됩니다. 과학자들은 새로운 생물이 발견될 때마다 그 생물을 자세히 관찰합니다. 이전에 발견했던 생물과 비교해 어떤 생물과 가장 비슷한지 알아내지요.

생물들은 생물 분류법에 따라 크게 계-문-강-목-과-속-종으로 나눕니다. 사람은 동물계-척삭동물문-포유강-영장목-사람과-사람속-사람종입니다. 수박, 고양이, 초파리 등 다른 생물은 어느 분류에 속하는지 찾아보세요!

 **뚜껑을 덮어서 불을 꺼요.**

향초를 사용할 때 환기는 필수예요! 초가 탈 때 나오는 연기가 호흡기에 안 좋기 때문이에요. 입으로 초를 불어서 끄면 그을음이나 연기도 많이 나요. 따라서 불을 끌 때 뚜껑을 닫아 불을 끄는 방법이 우리 몸에 더 안전하답니다. 불을 사용할 때는 항상 어른의 도움을 받고, 향초 근처에 휴지나 천, 종이 등 불이 붙을 수 있는 물건을 두지 않도록 하세요.

놀라운 현상

이것은 전류를 저장해 두었다가 기계에 끼워서 전기 에너지를 전달해 주는 장치예요. 무엇일까요?

① 콘센트

② 건전지

③ 필라멘트

동물의 생태

아래 사진에서 숨어 있는 곤충의 이름을 맞혀 보세요!

_____

 **건전지**

건전지는 마른 전지라는 뜻이에요. 장난감이나 리모컨 등에 건전지를 끼워 전기 에너지를 전달합니다. 건전지가 다 닳으면 따로 폐건전지 수거함에 버려야 해요. 건전지 안에 수은, 니켈, 아연 등 유해 물질이 들어 있기 때문이지요. 일반 쓰레기로 버리면 쓰레기들을 태울 때 폭발할 수 있고 공기 오염을 일으킵니다. 땅에 묻어도 오염 물질이 새어 나오지요. 잊지 말고 건전지는 꼭 분리배출합시다!

콘센트는 전기 배선과 전기 기기 등을 연결하기 위한 기구예요. 보통 벽에 있는 콘센트에 선풍기나 충전기 등 코드에 달린 플러그를 끼우지요. 콘센트를 젖은 손으로 만지지 않도록 조심하세요.

필라멘트는 전구 안에서 전류를 통해 빛과 열을 내뿜는 금속 선을 말해요.

대벌레

사진 속에 대벌레를 찾았나요? 대벌레는 대표적인 의태 동물이에요. 나뭇가지처럼 생겨서 천적의 눈을 피합니다. **의태**란 동물이 자신의 몸을 보호하거나 사냥하기 위해서 모양이나 색깔을 주위와 비슷하게 만드는 현상을 말해요.

신기한 의태 동물

자연에는 의태하는 동물이 가득해요. 말벌을 닮은 말벌나방, 나뭇잎처럼 생긴 사탄나뭇잎꼬리도마뱀붙이, 뱀처럼 생긴 스핑크스나방 애벌레 등이 있어요. 또 어떤 의태 동물이 있는지 찾아보세요!

말벌나방

사탄나뭇잎꼬리도마뱀붙이

몇 문제나 맞혔나요?!

100문제나 풀다니 정말 멋진걸요? 몇 문제 맞혔는지 개수를 세어 보세요. 적게 맞혔어도 괜찮아요! 이번에 새로 알게 된 개념이 있었나요? 가장 기억에 남는 원리는 무엇인가요?

과학 퀴즈를 푸는 동안 과학 지식이 쑥쑥 자랐을 거예요! 하루 하루 과학 호기심이 가득한 시간을 보내기를 바랄게요! 그럼 다음 퀴즈에서 또 만나요!

맞힌 개수를 적어 보세요!

개

노력했군요! 퀴즈를 열심히 풀어 주어서 고마워요. 헷갈리는 문제들은 표시해 두고 나중에 다시 풀어도 괜찮아요. 잘 모르는 과학 개념도 따로 정리해 복습해 보세요!

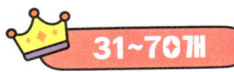

잘했어요! 과학 퀴즈 좀 풀어 봤군요! 살짝 헷갈렸던 개념이 있다면 관련 원리와 일상 속 사례를 찾아보세요. 개념을 이해하는 데 큰 도움이 될 거예요.

우와! 굉장해요! 과학 박사군요? 가족, 친구에게 자랑해 보세요! 여러분은 물리, 화학, 생물, 지구과학까지 고루고루 배웠어요. 책에 나온 문제를 응용해 직접 과학 퀴즈를 만들어 봐도 좋겠어요!

찾아보기

ㄱ
가시광선 42
경도 50
계면 활성제 30
관성 51
기화 139

ㄴ
내성 166
녹는점 118

ㄷ
단백질 14, 67, 162, 178
대륙 이동설 119

ㄹ
림프액 46

ㅁ
마찰력 31, 83
멜라닌 11
밀도 6, 78, 191

밀물 66

ㅂ
반추 동물 43
방사능 물질 175
백혈구 90
부피 102
블랙홀 158
비열 122
빛의 3원색 15

ㅅ
사해 6
산성 154
산화 반응 18
삼투압 26
색의 3원색 15
생물 분류법 198
소수성 30
식충 식물 79
신재생 에너지 135
썰물 66

ㅇ

액화 139
어는점 118
연소 167
염기성 154
용해 147
운동 에너지 195
위치 에너지 195
응집력 26
의태 203

ㅈ

자가 수분 58
자외선 42
적외선 42, 163
적혈구 90
전해질 23
중력 7, 26, 31, 98
증산 26
지방 14, 58, 87, 91, 162
질량 보존의 법칙 167

ㅊ

척추동물 34
친수성 30

ㅋ

카페인 47, 159
칼로리 91
케라틴 178

ㅌ

탄성력 170
탄수화물 162

ㅍ

표면 장력 39

ㅎ

항생제 166
핵융합 82
혈소판 90
횡격막 71

그림 은옥

어린이 친구들을 위한 유익한 이야기를 쓰고, 유쾌한 그림을 그리고 있습니다.
그린 책으로는 《세계 지리 퀴즈 백과 100》, 《속담 퀴즈 백과 100》, 《초등학생을 위한 교과서 속담 사전》이 있습니다.

풀수록 똑똑해지는

1판 1쇄 펴낸 날 2024년 10월 10일

지은이 장희서
그림 은옥
주간 안채원
책임편집 채선희
편집 윤대호, 윤성하, 장서진
디자인 김수인, 이예은
마케팅 함정윤, 김희진

펴낸이 박윤태
펴낸곳 보누스
등록 2001년 8월 17일 제313-2002-179호
주소 서울시 마포구 동교로12안길 31 보누스 4층
전화 02-333-3114 팩스 02-3143-3254 이메일 viking@bonusbook.co.kr
블로그 http://blog.naver.com/vikingbook 인스타그램 @viking_kidbooks

ⓒ 장희서, 2024
• 이 책은 저작권법에 의해 보호를 받는 저작물이므로 무단전재와 무단복제를 금합니다.
  이 책에 수록된 내용의 전부 또는 일부를 재사용하려면 반드시 지은이와 보누스출판사 양측의
  서면동의를 받아야 합니다.

ISBN 978-89-6494-714-2 72400

바이킹은 보누스출판사의 어린이책 브랜드입니다.

• 책값은 뒤표지에 있습니다.